フリードリヒ・フレーベル

——その生涯と業績——

ヨハネス・プリューファー著
乙訓　稔・廣嶋龍太郎 訳

東信堂

エドゥアルト・シュプランガーに捧ぐ

まえがき

一九一四年、私はトイプナー社の『自然と精神世界から』という叢書のなかで、フレーベルの略伝を出版した。それは、一九二〇年に第二版を重ね、その間にG・ザンナによってイタリア語に翻訳されている。ここ数年、フリードリヒ・フレーベルと彼の理念についての関心が絶えず増して常にまた強いものとなり、彼の生涯と労作についてもう少し詳しい陳述の必要性が感じられるのである。なお、他にハンシュマンのフレーベル伝がこれまで唯一現存するが、二五年以上も前から新しい版を重ねておらず、時代遅れとなっているのであるから、とりわけなおさらのことである——本格的なフレーベル研究は、ほんの二〇年にも過ぎないのである——。それゆえ、出版社が『自然と精神世界から』のなかの私のフレーベル伝を抜粋し、単行本として出版することを決定したのは、感謝に値することである。このようにして、今この新装版が出版されるのである。初版では一八の構成であったが、本書では二六構成となっている。哲学的、教育学的な理念が、本質的に詳しく述べられている。これまでの二つの図絵に代わって、今度は一六の図絵が添えられている（訳注：本訳書では図絵は割愛した）。図の四から一二の作成の際には、女性の若い指導者ヘドヴィヒ・ヘバルトとアンナ・ツァベルが、懇切丁寧に私を助けてくれたことに対して、この場で彼女たちに改めて感謝したい。これら図によって、とりわけフレーベルの遊戯と作業の教材の奥深さや善さを概観してほしい。ちょうど今、これまでもそのようなことが起こっているように、モンテッソーリ・メソッドがフレーベルの作業方法を押しのけて取って代わろうとしている時に、その関連においてもまた「真のフレーベル」がより広い範囲で、より知られることが絶対に必要であると、私は思う。なぜなら、だれもがフレーベルをすでに本当に知っているのであろうか。すなわち、フレーベルの遊戯と作業の教材がひとつの道を――より真の文化教育学を――表現しているということを、だれが知っているであろうか。

私は、最近の一〇年間で他の誰よりもフレーベル教育学を評価した人、つまりベルリンの教授エドゥアルト・シュプランガー博士に、本書を心から捧げたい。

ささやかなものであるが、私のフレーベル伝での天才的な教育者の肖像が本当に多くの人々に身近なものとなって欲しいと思う。フレーベルは、「ただ教育家」であっただけでなく、むしろ彼の目的は高くて広く、彼の思想の根源性と斬新さ、彼の心情の純粋さは、さらに彼の価値に基づく際限なき献身と同様に標準を高く超え、彼を直接ペスタロッチの隣に位置づけているのである。

一九二七年九月　ライプツィヒにて

ヨハネス・プリューファー

目　次／フリードリヒ・フレーベル　――その生涯と業績――

まえがき……i
凡　例……vii

一．幼年時代と修行時代……3
二．イエナでの大学生……6
三．遍歴時代……8
四．フランクフルト・アン・マインでの教師……11
五．ペスタロッチのもとでの二年間……15
六．その後の大学での研究……24
七．球体体験……27
八．解放戦争への従軍　――一八一三年から一八一五年――……30

九．結晶の世界への沈潜……42
一〇．カイルハウ学園の設立者……45
一一．一八二六年の著作『人間の教育』……51
(一) 神と世界……52
(二) 人間の使命……54
(三) 教育の目標……56
(四) 求められる教育……57
(五) 規範的教育……59
(六) 人間と人類……62
(七)「生命の合一」の思想……63
(八) 労作の原理……65
(九)「理念」とその継承者……69
一二．スイスでの活動……72
一三．「生命の革新」の理念……80
一四．自動教授施設……86

一五．「幼児期と青少年期のための作業衝動の育成施設」…… 94
一六．遊具と作業教材…… 97
一七．新しい方法の普及の第一歩…… 106
一八．ブランケンブルクでの「遊戯と作業の施設」…… 115
一九．「普遍的ドイツ幼稚園」…… 118
二〇．『母の歌と愛撫の歌』…… 131
二一．真の幼稚園の成立…… 135
二二．ルードルシュタットでの教師と教育者の集会…… 145
二三．リーベンシュタインとマリーエンタールでの「全面的な生命の合一のための施設」…… 152
二四．幼稚園禁止令…… 162
二五．死と葬儀…… 176
二六．最終考察 ——フレーベルの文化教育学の意義——…… 181

註……185
訳者あとがき……187
フルードリヒ・フレーベル略年譜……193
事項索引……198
人名索引……200

凡　例

一．原著の構成セクションは算用数字で表記されていて、その頁数には甚だしく多寡があり、邦訳書での通常表記である「章」とするには如何かと思われるので、原著のセクション分けの算用数字をそのまま漢数字として表記した。

二．原著の本文では活字の大きさが異なる強調や引用の文章が相当あり、翻訳ではその意味が必ずしも明確でないことと、また編集上での複雑さを避ける意味からも、活字の大きさは統一した。

三．原著の疑問文と感嘆文には、当然のこととして疑問符や感嘆符が付されているが、邦訳であることから、そのような符号は句点とした。

四．原著の註は、原著に当たることのできる研究者向けのものは割愛し、一般読者が本文の理解に必要と思われる註のみに番号註を付け直し、その訳文を巻末に収録した。

フリードリヒ・フレーベル

――その生涯と業績――

一．幼年時代と修行時代

フリードリヒ・フレーベルは、三〇年戦争以前にまでさかのぼるチューリンゲンの旧家の出自である。彼の父方の先祖は、曽祖父までブランケンブルク近くのグロースゲーリッツとロイトニッツの農民であった。祖父はノイハウスの林務官であり、父はオーベルヴァイスバッハの牧師であった。彼の母の家族は――ホフマン姓で――、一〇〇年来変わらずシュヴァルツブルク・ルードルシュタットに定住していた。母の父と祖父は牧師であり、確かめられる最も古い先祖（一五七九年）はシュタットイルムの市長であった。

フリードリヒ・フレーベルは、オーベルヴァイスバッハで――彼の両親には六番目の子どもとして――一七八二年四月二一日に生まれた。彼の母は、彼の出産と胸の病の進行の結果、一七八三年二月七日に死亡した。翌年、彼の父は広い教区での公務が沢山あったので、フリードリヒは彼の兄姉や他人に委ねられたままであった。オーベルヴァイスバッハの牧師が一七八五年六月二二日に再婚した時、確かに一時的には改善されたが、しかしこの改善は束の間のものに過ぎなかった。なぜなら、若い牧師の妻が自分の息子の誕生を喜ぶようになったとき、彼女は愛情をすべて彼女の息子に向け、彼女の継子たちをおろそかにしたからである。とりわけ成長の最も小さい者にとって、つまりフリードリヒにとってはひどく不利であった。彼は、子どもらしい誠実さと率直さをもって新しい母に接したが、自分が何事にも冷たく扱われ、それどころか拒まれていることに気づいた。彼が熱望したのは心からの母の愛であり、まさに彼はそれなしに過ごさねばならなかった。彼は、幼い時期からすでにそのような身の上にあった。それがフレーベルの性格において、あれこれ思い悩む情動や、孤独な自己自身に真剣に没頭することへのきっかけとなったのかもしれない。少年は世間に対してしばしば無愛想であり、反抗的で不親切のように思われていて、それによって彼への継母の愛は必然的に心からのものにならなかった。フレーベルは、一〇歳までこの好ましくない状態に耐えなければならなかったのである。

それでも、彼の人生はやっと好ましい転機を迎えた。彼の亡くなった母の兄、教区監督官ホフマンが、シュタットイルムからオーベルヴァイスバッハの牧師館への訪問で数日滞在した。彼は、甥の不幸な境遇を悟り、甥をシュタットイルムに連れて行ったのである。明るいそこイルムの谷の親切で穏やかな伯父の家で、フレーベルは幸せな四年間を過ごしたのである。ホフマン教区監督官は男やもめであったし、まただ一人の息子も亡くなっていた。彼の義母が彼の家政を切り盛りしていた。――フレーベルは父から読み書き算数の初歩や基礎を教えられていたが、しばらくのあいだオーベルヴァイスバッハの村の小学校にも通った。シュタットイルムでは、彼は町の小学校に入学した。彼は模範生ではなかったが、しかし最も大切なものを学んだ。

とりわけ、彼はそこで今まで彼に欠けていたもの、つまり向こう見ずな少年の欲求を一緒に発散させることのできる同級生や友だちを見つけたのである。

彼の堅信礼が、その快活な活動に終止符を打った。堅信礼は、彼の学校時代の終わりを意味した。なぜなら、フレーベルは総じて才能が少ないと見なされていたので、学問的な職に就くのではなく、できる限り早く実際的な生活に入らなければならなかったからである。彼は、シュタットイルムから生家に戻らなくてはならず、そこで何ヶ月間も将来に関する助言を受けたのである。

幾つかの他の提案がまた退けられた後に、一七九七年の聖ヨハネの祭日である六月二四日、フレーベルは林務官ヴィッツの徒弟になるためザーレ河畔のヒルシュベルクにやってきた。しかし、彼の親方は彼の世話をあまりしなかったようで、若い林務官見習いはしばしば放任された。彼の自然への愛が彼を自然に事細かく関わり合わせ、彼は石や植物、昆虫や蝶を採集した。彼は、親方が持っていた僅かな自然科学の本で、情熱を深めたのである。森を通っての毎日の孤独な足取りのあいだに、あらゆる自然の存在の関係について、またすべての被造物の起源についての様々な不可思議な考えが、一六歳の脳裏にひらめいた。彼を取り囲んでいる自然の大きな神秘に完全に沈潜するという願望が彼の内で絶えず強くなり、故郷の大学で自然科学の研究をするという欲求はますます大きくなった。そうこうするうちにフレーベルの修行期間が過ぎ去り、一七九九年の聖ヨハネの祭日に、彼は生家に戻った。彼はそこで無為な二、三週間を過ごしたが、予期せぬ幸運が彼をあこがれの目的へと導いたのである。

二、イエナでの大学生

フレーベルの兄トラウゴットは、その頃イエナで医学を専攻していた。父が彼にお金を送らねばならなかったので、フリードリヒは兄にお金を持って行くことを頼まれた。トラウゴットは、彼を講義に連れて行き、自分の仲間に紹介した。フレーベルはイエナで見聞した新しく素晴らしいもののすべてに非常に魅了され、彼は父に手紙で学期末までイエナに滞在し、休暇のはじめに兄と一緒に戻る許しを乞うたのである。父が承諾したので、フレーベルはさらに数日間ザーレ河畔の心地よい大学都市に客として滞在した。それによって、自然科学を勉強するという彼の望みがますます強まり、彼は休暇のあいだに、新学期の開始にはイエナに戻って正式に勉強することを許してくれるよう、父に熱心に頼んだ。父親はついに譲歩し、彼にその許可を与えた。フレーベルは、彼の母方の少ない相続分をもらって、一七九九年一〇月にふたたびイエナに引き返すことができたのである。オーベルヴァイスバッハの牧師は、別れの前にまた彼の息子たちに、大学の勉学のための資格を通知する証明書を与えた。この証明書に基づいて、その後の一〇月二二日にイエナを母校とする哲学の学生として登録された。我々のフレーベルが学問的市民権を得たその当時、カール・アウグスト・フォン・ヴァイマールはまだ大学総長閣下であり、フリードリヒ・シラーが歴史の教授として教え、シェリングがイエナの哲学者として教えていた。

今やフレーベルは自然科学の研究に、特に鉱物学に熱心に打ち込み、また同じ目的を持つ人たちのサークル、すなわち「総合鉱物学会」に賛同し、彼は一八〇〇年七月二七日に正規会員となった。しかし、フレーベルの与えられた相続分が次第に尽きて、彼は昼食を食べる際に「食堂の主人に半月の」借金をする羽目に陥った。フレーベルはそれを支払うことができず、彼の父が彼を支援するのを拒んだため、彼はやむなく数週間にわたって大学牢で時を過ごさねばならなかった。フレーベルが後に父親からの相続を放棄することで、頑固な父親が借金を支払うという父の要請で、彼はようやく大学の評議会から正式に釈放宣言されたのである。しかし、それと同時に、イエナでのフレーベルの学生時代が終わった。彼は、イエナでは僅か四学期を過ごしただけであった。

三. 遍歴時代

フレーベルは、一八〇一年の夏に生家に戻った。様々なむなしい努力の後に、彼の父親は彼を親戚の善意でヒルトブルクハウゼンに寄宿させた。彼は、そこで農場経営を習得しなければならなかった。しかし、間もなく父親は老化がひどくなり始め、諸力が目立って急に衰えたので、フレーベルをオーベルヴァイスバッハに呼び戻した。それで、フレーベルは父の広範囲にわたる書類上の公務を助けることができた。フレーベルは、できる限り父に従い、また助けた。一緒に仕事をしたその数ヶ月の間に、フレーベルはようやく父の心情を理解し、また父親は息子に潜んでいるものを徐々に認識したのであった。しかし、当然この父と息子の和合は長く続かず、早くも翌年の一八〇二年二月一〇日に、オーベルヴァイスバッハの牧師は七三歳で没した。

もはや今は何も生家に縛られなくなったフレーベルは、異境で彼の運を試みるために生家を去った。彼は、バンベルクで測量技師の仕事を見つけた。一八〇三年、農場の測量を委託され、彼はそこでたまたまイエナ大学時代の知人に出会い、その農場の共有者であった若い哲学博士と直ぐに活発に交流するようになった。二人の若者の会話はもっぱら当時の流行の分野であった自然哲学に集中した。フレーベルは、シェリングの独創的な著作『世界霊について』（一七九八年）と『ブルーノもしくは事物の神的・自然的原理』（一八〇二年）に没頭した。まさに、フレーベルは一七九五年から一八〇五年までの一〇年の時期に、決してこの意味で哲学したことはなく、また実験したこともなかった。化学の親和性やガルヴァーニ電気などの発見といった当時の自然科学の大きな成果は人心を捉え、また若い二人の友も現実存在や世界現象の大きな難問に特別な関心をもって没頭した。その際、シェリングは彼らの指導者であった。その炎のような精神の独創的な想像力は彼らを酔わせた。それによって、我々のフレーベルに新しい世界を理解させたのである。――思考と存在の統一――消滅した精神以外の何ものでもない物質――自己意識への途上にある精神の段階は、自然の段階的発展として外面的に、それゆえ何か象徴的なすべての有機的なものの内に確定するということである。――この理念は、フレーベルの思考をその深奥においてまで、どれほどか感動させたことであろう。

我々は、翌年の初頭にメクレンブルクにおけるグロス・ミルヒョウの枢密顧問官デーヴィッツ卿の職務で「秘書の肩書きをもった経理係」としてのフレーベルを見出すのである。フレーベルは、この勤務で職務を熱心に果たし、「計算分野で非常に有能な人物として」自分を実証した。一年四ヶ月のあいだ、彼はこの勤めに留まった。この時期、彼は当時の強いロマン派思潮に無関心ではいられなかった人物の家庭教師と友達になり、しばしば交際した。フレーベルは、彼を通じて中世の神々しさを放つ詩的なノヴァーリスの著作に気づかされた。ちょうどこの時期に、フレーベルが建築芸術に深く傾倒してとらわれたこと、そしてもちろん彼自身が建築士になろうとしたことは、おそらく偶然ではない。エルヴィン・シュタインバッハ卿の肖像は、多分この決心によって彼の念頭に浮かんでいた。なぜなら、まさしくドイツのロマン主義者を通じて、中世ドイツの建築芸術への関心がさらに新たに活気づいたのである。一七七一年にゲーテがストラスブルクの大聖堂の光景に古いドイツ建築芸術の精神を感じて以来、また一七九三年にバッケンローダーとティークが詩情に満ちたフランケンラントの夏の旅行で古いニュルンベルクの比類ない美しい景色を見つけて以来、その時からロマン派の気質の魂にはドイツの過去からの金色の光が畏敬の念を起こさせる頂や屋根と塔や壁の上に横たわり、フレーベルのような人間にもまた逃れることのできない特有の魔力が横たわったのである。当時、人は聖なる畏敬の念をもって、ドイツの建築芸術の精神を予感することを信じ、またフレーベルもそれにとらわれ——それゆえ常に彼は内的なものを外に作りだそうとしていたし——自分自身が建築士になることを決心したと、十分考えられたのであろう。

四．フランクフルト・アン・マインでの教師

フレーベルは、自分からグロス・ミルヒョウの勤め先を離れた。当時、彼はシュタットイルム教区監督官であった伯父ホフマンの死によって、少額の相続分の財産を手に入れたので、建築領域の職を探すために、誇りに満ちた希望をもってフランクフルト・アン・マインのある友人の招きに従った。一八〇五年六月、彼はフランクフルトに行った。フレーベルは、到着後直ぐに友人を通じてフランクフルト模範学校長の教育者グルーナーを教えられ、知り合いになった。その後、彼はしばしばグルーナーとその教師たちに会った。会話は、人間陶冶と人間の醇化に関係した。フレーベルは、もっぱら彼自身の人格に関してではあるが、すでにその問題について大いに熟考していた。自分をより完全なものにすること、自分の職業教育は、まさに数年来の彼の人生の目的であった。今や彼は、他人の人生の目的のために職業教育を高く掲げ、教師と学校の崇高な使命のために感激に燃えた人たちを知ったのであった。ここに初めて、フレーベルの身にペスタロッ

チ精神が生起したのである。フランクフルトでは、様々なペスタロッチの信奉者、例えばカール・リッターやエンゲルマンなどが、ペスタロッチの正式な様式となっていた「新しい福音を説いた」。グルーナーもまたペスタロッチの門下生であった。それとともに、全く新しい世界が我々のフレーベルに開けた。不思議にも、建築士のなりかけが、まさにこの教育的な雰囲気のなかで、完全に自分の本領を感じたのであった。人の心をよく知るグルーナーは、フレーベルを見抜き、それゆえ彼に自分の模範学校で教師として勤め始めるよう即座に要請した。フレーベルは承諾し、間もなく九歳から一一歳の三〇名から四〇名の少年たちの前に立って教えたのであった。彼がこれまで少しも考えなかった教師になるということは、その時に教師以外になるものはないであろうと、彼自身に告白しているような気分であった。彼は後のある時に次のように記している。「それは暴風のように私を感動させた。」、「私はほとんど、今や私が望んだものに向かって導かれていた。私は完全に、渇望する渇きと飢えに等しかった。私は、さらに自分の心がいかに揺れるかも感じ、また以前はいわば知というものが私のなかでいかに流れていなかったかも感じた――私はあたかもはじめて学んだような状態にあった。実際、この出来事は既存のものが外に引き起こされたのではなく、むしろ今まで私の内で休んでいた――私自身が無意識であった――単なる力であった外部のものが、経験、思考、理念からの多くのものによって自覚されたのであった」。フレーベルは、彼の本質の核心を発見し、自分自身を発見したのである。

彼はグルーナーの模範学校でペスタロッチの理念を徐々に知り学んだ。そして、偉大なスイス人への彼の関心が次第に感激へと高まったので、彼は尊敬する師を個人的に知るための決心をしたのである。ちょうど夏季休暇が間近に迫っており、直ぐにフレーベルは当時ペスタロッチが活動していたイヴェルドンを詣でたのである。それは、一八〇五年八月の終わりのことであった。フレーベルは、ただし僅か一四日間であったが、イヴェルドンに滞在した。しかし、彼が学園から受けた印象は、短期間にも拘わらず強力なものであった。そこで彼が見聞きしたことは、彼に「気が遠くなるほど感動的で、目覚めさせられ、心を奪われる」ような印象を与えた。彼は多くのものを理解すべきであると思ったし、彼にとって多くのことはまだ不確かであったが、ただ一つのこと――学童へのペスタロッチのメトーデの偉大なる効果――だけは確かであった。「すべては生きていて、すべてが活動であり、喜びであり、歓喜である」と、彼は感激して判断した。ペスタロッチの教育方法の本質を大いに深めることと、その普及のために働くことが、彼の人生の次なる目標となった。「フレーベルは、ペスタロッチに対する厳粛な約束に、その決意を捧げた」。この記念すべき瞬間の思い出に、当時ペスタロッチはフレーベルの訪問記念帳に次の言葉を書き、それは後年フレーベルによってしばしば引用された。

人は、思考の炎と発言の火花を用いて、その目的への進路を切り開く。
しかし、人は沈黙と行為を通じてのみ、その進路を完遂し、自分自身を自分で完結する。

彼は、出来る限り早く、イヴェルドンに長時間の滞在を目あてに戻るという確かな見通しを持って、ペスタロッチと別れた。「彼の人生に高い目標と新たな価値を得たこと」が、彼に明らかになった。フランクフルトに戻った後、グルーナーの模範学校における今までのフレーベルの臨時雇用は、長老会によって三年の確かな雇用に変わった。フレーベルは、主に地理、算数、図画を教えた。しかし、フレーベルは間もなく、模範学校の範囲では彼が望んだほどペスタロッチのメトーデのために尽力することができないと感じた。至る所で彼に困難が生じた。現実の課業を理解せず、事情に通じていない人たちは、あえて非難や抑制をし、改善や手直しをした。それゆえ、フレーベルは一八〇六年六月二一日にはすでに模範学校の教師陣から退いた。

イヴェルドンへの旅の前の数週間に、フレーベルはすでにホルツハウゼン家での個人教授を引き受けていた。彼は、ホルツハウゼン家の家庭教師を実質的に辞退していた後で、一八〇六年六月二四日に同じホルツハウゼン家の家庭教師の職を引き受けた。彼は、そこでペスタロッチの理念の実現のためにささやかな尽力ができることを望んでいた。ホルツハウゼン家の三人の少年の教育が彼の新しい務めであった。彼は、職務の立場を表明し、ある真剣さを持って職に就いた。すなわち、全く自由に子どもたちの教育を任せられるという立場を条件として引き受けたのである。彼は、――親たちから離れた――子どもたちと一緒に、フランクフルトの近郊、世間で言う「田舎」で一家の所有地に生活した。ルソーの理念を現実に置き換えたのである。

五．ペスタロッチのもとでの二年間

フレーベルは、ペスタロッチのもとで自分の生徒たちと生活して学ぶことが共にできたら、生徒たちの発達のためにも、また自分自身の継続教育のためにもよくなるであろうということに、徐々に気づいたのである。ペスタロッチの熱狂的な崇拝者であったホルツハウゼン夫人が、この考えの実行にはじめから共感的な態度で接していたのに比べて、彼女の夫は差し当たり異なっていた。しかし、最終的にトルコの有名な教育者の助けによって、父親に彼の息子たちのイヴェルドンへの転居の必要性を納得させることに成功した。一八〇七年の夏にエリアス・ミークが彼の生徒である一二歳のヴィレマーを伴ってペスタロッチのもとへ行って以来、ペスタロッチの学園に息子たちを委ねる決心をした幾つかのフランクフルトの家族のうちの最初であった。

一八〇八年九月、フレーベルは彼の生徒たちを伴って、ペスタロッチのもとに到着した。彼はすべてを吟味し、彼の判断を外見の印象によらず、「むしろ真理に関して事柄のなかに横たわる内実によって下そうとした」ので、彼には十分な仕事があった。彼は、彼の生徒たちの両親に、生徒たちの教育と成長についての非常に膨大な報告書を週ごとに送付した。少年たちは学園の授業に参加し、フレーベル自身は少し教えただけで、そのかわりにすべてを「見て、聞き、そして吟味した」。その際に、ペスタロッチ自身がフレーベルの助言者や友人であった。フレーベルは、毎日しばしばペスタロッチと彼の妻と一緒におり、またペスタロッチは「彼の信頼に満ちた愛と尊敬の表明」をフレーベルに繰り返し与えた。

一八〇九年三月、プロイセンの省から初めて送られた若い教師たちがイヴェルドンに到着した。彼らは、帰還後にペスタロッチの理念を故郷の学校に持ち帰ることができるように、ペスタロッチのメトーデをそこで学ばなければならなかった。フレーベルは、彼の愛する祖国、当時のシュヴァルツブルク＝ルードルシュタット侯国に、ペスタロッチの理念の普及を要求する意図を以前からすでに持っていた。彼はもう一八〇九年五月一日付の侯爵夫人カロリーネ宛ての分厚い書簡のなかで相談し、彼の愛する故郷においてペスタロッチのメトーデを採用する提案とともに、ペスタロッチのメトーデの詳細な論述を彼女に送った。この報告書は、フレーベルがペスタロッチのメトーデに最も接近した点を示しているので、とりわけフレーベルの発展のなかで興味深いものである。この書簡の執筆時ほどフレーベルがペスタロッチの理念に近づくことは二度となかったのである。

フレーベル自身は、母に合自然的な子どもの教育を身につけさせるためには母の子への大きな愛をよりどころとし、実践的な手引きや教訓はあまり必要がないと考えているので、ペスタロッチのメトーデの導入は非常に容易であると思っている。

フレーベルが書いたことは、侯爵夫人によって好意的に採用された。彼女は、ルードルシュタットの教区総監督官セラリウスに依頼し、何人もの牧師たちを招いて理解したペスタロッチのメトーデを試行させ、また侯爵領における導入の可能性の報告を行わせた。グリースハイムの代理牧師であったフレーベルの兄も、この件の試行に動員された。侯爵夫人は、フレーベル自身には感謝状を用意し、彼の「重大事のための尊敬に値する熱意」と、祖国への誠実な愛着を讃美し、強調したのである。

フレーベルの希望はグリースハイムの牧師、兄のクリストフにかかっていた。フレーベルはクリストフに非常に多くのペスタロッチの著述と彼に関する著述を送った。それによって、クリストフは関係するすべての情報を得て、特にペスタロッチのメトーデの精神を全面的に理解できたのである。また、クリストフは、委員会の残りの構成員に読むべき著述を提供し、すなわちフレーベルに力を貸して勝利を得させるためのすべてのことを当然することになった。そして、彼は上の者だけでなく、下の者にも啓蒙することになった。クリストフは、ペスタロッチの著述を彼の教区の思慮ある人々に広めなくてはならなくなり、日曜の集いにおいてそれらの著述が朗読され、全住民のもとで当然ペスタロッチの著述の書名等々が指導されることになった。民衆の友として、「心と精神を強固にする簡潔で純粋な教えの創始者」として、「考え、そして行うすべてのことは、最も貧しく、最も孤独で、最も弱い人たちに注意を向け」、またそのために「教えと授業を通じて」助けることに努力した人間としてのペスタロッチを知らせるためのすべてのことを行わなくてはならなかった。クリストフ・フレーベルは、いわば彼の弟から病をうつされたのであるが、シュヴァルツブルクの地においてペスタロッチの思想の熱心で精力的な代弁者となった。しかし、彼は、ペスタロッチのメトーデは第一に低学年のために、初等教育のためにのみ意味を持っていることと、それに加えてほぼ一〇歳からの子どもには、「より学問的な授業科目」は反対しなければならないことを隠すことができなかった。

委員会は、二年以上ペスタロッチのメトーデの検証に従事した。そこにおいて、最終的に成果となったものは、非常に少ないものであった。すなわち、既存の学校教育の方法にペスタロッチの形式をいくらか導入するだけで十分であるというものであった。

祖国の教会と学校の代表者が、シュヴァルツブルクの村の小学校にペスタロッチの理念を導入するというフレーベルの提案を故郷で深く検討していた間、フレーベル自身はイヴェルドンで厄介な争いを乗り切らなければならなかった。ペスタロッチの学園は、外へ向けて抜きんでて見えれば見えるほど学園の内的なものを整えるのがいっそう好ましくなかった。ペスタロッチはあらゆる意味で、そのような大きな学園の管理者に相応しくなかったし、彼は教師たちや生徒たちも掌握していなかった。それゆえに、教師陣のうちの争いと陰謀が、また無秩序と不服従が、教室を崩壊させた。とりわけ、ペスタロッチの同僚のなかで最も際立った二人の教師――シュミットとニーデラー――は、著しく対立した。明晰で客観的な思考力の天分を持ったシュミットは、当時やっと二〇歳に達するかどうかの若者であった。彼は、すでに多くの論考によって、例えばペスタロッチの数のメトーデの改善についてで、多方面で認証を得ていた。ニーデラーは彼より年長で、もともと改革派の牧師で、一八〇一年以来すでにペスタロッチ学園の柱であった。彼の学問的な教養は、とりわけ哲学の面で際立っていた。彼は、ペスタロッチの豊かな心情から溢れ出した直観的な不規則で無秩序なものを理解して明確な学問的な形式のなかで鋳造した。それゆえ、ペスタロッチは彼を特に愛した。これら二人の人物――シュミットとニーデラー――は、次第に感情的に対立するようになった。フレーベルはシュミットの側についた。それは一見して奇妙に見えた。なぜなら、フレーベルは明らかに思弁的なニーデラーと内面的には近い関係にあったからであり、彼とは同じ目的――ペスタロッチのメトーデの学問的な確立――で結びついていたからなのである。しかし、より詳しく見てみると、フレーベルの態度表明は筋の通ったものであった。フレーベルは、はじめから自分がとりわけ純粋で人間らしいシュミットの方に惹きつけられていると感じており、それを率直に言葉にした。例えば、かつて彼は兄のクリストフに「僕は、彼よりも好ましい人間を知らない……シュミットがいつか友を持ちたいと感じたならば、彼に自分を選んでもらいたい。」と、手紙に書いている。それに加えて、シュミットはペスタロッチの学園における欠陥を客観的にまた明確に認識しており、その排除を容赦なく主張した。それに対して、ペスタロッチとニーデラーは、そのような誤りを取り繕い、また隠す傾向にあった。世界中のあらゆる国々からの生徒たちと訪問者の流れが絶えないように、学園の外的名声のために短所ではなく、学園を世間に知れ渡らせようとしたのである。ペスタロッチが始めた学園を保持する代わりに、彼の学園を言わば金持ちのための流行の学校、遊び場に放置したことは、――たとえ最大限許容できるとしても――それは多分ペスタロッチの大きな過ちであった。ペスタロッチは、彼の祖国の貧者と困窮者のための学校を創設しようとしたのである。彼は、すべての人間陶治の初歩について深く考えたのであり、自然に即した初等教育の創設のために召し出されたのである。そこに彼の強みがあったのであり、偉大さがあったのである。実際、高度な授業を創出するための模範的な学校は、ペスタロッチには与えられなかったのであった。彼は言わば自分自身を失い、それとともに内的な支えや彼の本質の穏やかな安寧を失って、その地位に——幸運とは言えない——運命が彼に与えられたのであった。彼は、他人をよりどころにしなければならなかったし、時にはニーデラーにすがり、時にはシュミットにすがり、無力に輾転反側した。その上、イヴェルドンの彼の学園はもちろん完全にはならなかった。

シュミットのように、フレーベルもまた学園の多くの不完全な点を認めていた。しかし、彼はホルツハウゼン家の少年たちの教育者として、イヴェルドンにおいて生じたことと彼の生徒たちがここで学んだことには自分に責任があると感じていた。それゆえ、彼は欠点の除去を主張しなければならず、それがおのずからシュミットの戦友となったのである。時にはそれが彼の攻撃したニーデラーの宗教の授業であったり、時にはいくつかのクラスに広がっただらだらした仕事ぶりであった。ペスタロッチは欠陥を取り除くことを約束したが、しかしほとんど万事元通りであった。その際に、フレーベルは改めて抗議をしたが、そのたびにかたくなな答えを受け取った。「行動し、請願し、要求し、戦う」すべてが効果ないという確信は、ますます彼のなかで強くなった。それゆえ、あらかじめ彼が「親切で、そして信頼に満ちていた」時と同じように、節度を守ってペスタロッチと彼の夫人の元から身を引いたのである。確かに、フレーベルは雇い主のホルツハウゼン侯爵と兄のクリストフは知らなかったが、世間に知られていた争いを止めなかった。しかし、一八一〇年五月一日、フレーベルは彼の生徒たちの父に、最近学園は急激な派閥的分裂によって多くの教師たちが去り、非常な沈滞の中にあるので自分と少年たちを家に呼び戻すように、頼んだのである。

ペスタロッチは、完全な崩壊を阻止するためにあらゆることを試みた。フレーベルによると、「全く何も起きなかったことのように、彼と彼の夫人をかつて訪問した時のように、彼と友好的である」ことを、彼はフレーベルに「要求し、哀願するほどであった」。それは、フレーベルを憤慨させた。なぜなら、彼は偽装を人間の教育のなかで特に排すべきものと率直にみなしたし、またそれゆえペスタロッチが要請と説得の努力によってでも止めることができなかったので、フレーベルは一八一〇年五月二〇日ペスタロッチに次のように手紙を書いた。「ペスタロッチ先生、私はすべてをよく考えました。私は、将来においても私がこれまで振る舞ってきたのとは違うように振る舞うことはできません。私は、自由な人間です。ペスタロッチ先生、私はそのように自分の信念に従って行動させてもらえることを、あなたにお願いします。……私は自分の行為によって報酬を手に入れることを求めているのではなく、ただ自分の尊厳に反した振る舞いをしなかっただけなのです。それはそうとして、さらに言えば、私は間もなくここを立ち去ります。――フレーベル」。引き続いた多くの争いの後、フレーベルはついに八月に――シュミットはすでに七月にイヴェルドンからミュンヘンへ移り住んでいた――彼の生徒たちとともに学園を去り、フランクフルトに戻った。一八一一年春まで、フレーベルはホルツハウゼン家の家庭教師としてとどまった。それから、彼は「かつて学園の最も幼い子どもたちにペスタロッチが無性に求めた」能力を「理念の純粋な遂行のために新しい研究によって」獲得しようとした。

ヨゼフ・シュミットとの友情と根源的な目的、すなわち合自然的な基礎陶冶の創始からペスタロッチの乖離がますます増大していくことに対するフレーベルの憤懣は、フレーベルがペスタロッチの教育的努力に対して徐々に批判的になるという事態に至った。それは、シュヴァルツブルク・ルードルシュタット侯爵夫人に宛てた彼の書簡の記述によると、一八〇九年春のことであった。彼は、スイスでの滞在の終わりに、当時誤って家庭教育と学校教育を混同したことと、彼が家庭の生活を学校に採り入れることを試みたことを今や認識したのである。教育のためには父親の価値が彼にとって今では完全に明らかになり、そして彼の以前の意見とは対照的に、フランクフルトでの家庭教師の活動の開始の際に、今や彼は次のように書いた。「我々は、我々教師が熟考と経験を通じて教育の本質を深めれば深めるほど、ますます子どもたちから父親たちを無理に奪うのではなく、それと引き換えに父親たちを再生することをまず心配しなければならず、資格のない父親代理に代わりを務めさせようとすることではないということを見出したのです」。以前、フレーベルは休む間もない活動、職務への忠実さと愛を教育において父親の代わりをしただけでなく、なおそれ以上に遂行しようとした。しかし、今や彼は単なる「父の名」も子どもたちにとってはまだ唯一のものであり、教師が最大の善意を伴っても、その生徒たちにとって父親であることは決してできないことを知ったのである。

しかし、フレーベルはとりわけイヴェルドンでの最後の一年間で、ペスタロッチが幼児教育の問題をまだ解決していなかったことを認識した。ペスタロッチの試みは、どこから見ても彼の著書の『母の書』と『ゲルトルートはいかにしてその子どもたちを教えるか』が、最初の教育に関してはフレーベルにとってもはや十分ではなかったのである。彼は、一八一〇年一月一七日にホルツハウゼン夫人に宛てて手紙で書いている。すなわち、「ペスタロッチ教授法は真理です。……しかしそれは、もしもペスタロッチが我々に提供したのと同様に、人が幼児期に適用したならば、大いなる虚偽とひどい愚行へとなり得るのです。ペスタロッチが我々に実際に教材として提供したもの、すなわち図画、形、数量教育、暗算、ネーゲリーの歌の授業は、早くとも八歳よりも前に与えられてはならず、そして何時いかなる場合にも、私が最初の授業と名付けたいそれより早期の、より生き生きとし、より自然な、より子どもらしい授業によって基礎づけられなければならないのです。これはすべて将来の授業の源を含まなくてはならず、すべての個々の授業で扱う対象も、どのような個々の学問の初歩も、鏡のように曇り無く、明確で生き生きと、そこに現れなくてはならないのです」と。この最初の授業によって、子どもは一歳から七歳あるいは八歳まで「直観と自然の経験」を手に入れるべきであり、それが言わば陶冶に適している基礎なのである。はじめにフレーベルが科目のなかで考えたことは、この初歩の授業の存在であり、つまりそれは音楽もしくは唱歌である。ティリオットという名のイヴェルドン学園の教師がそれを創作した。「もし、まさにそのような補足が」――フレーベルは一八一〇年に書いている――「最初の授業に関して具体的な芸術（図画、絵画、彫刻等）に対して見出されるならば、それは全く完全なものであり、加えてそれは自然と人間の本質に適した知と能力の源、発見と表現の源と一体化します。この具体的な芸術のための最初の授業は、私が予感するように、次のなかに在るのです。すなわち、子どもに、その子が見るものを、線によって、材料によって、要するにその子が望むものによって模写させなさい。この命題はまだ大まかに表現されたもので、さらにそれは同時に一定の順序が与えられなければならないのです」。

六．その後の大学での研究

シュヴァルツブルク地方では、かつての侯爵領の学問をする息子たちはほとんどすべてが、少なくとも数学期のあいだゲッチンゲン大学に入学するのが古い伝統であった。ゲッチンゲン大学は、いわばシュヴァルツブルクの領邦の大学であった。そのため、フレーベルもふたたび研究に打ち込むためにフランクフルトを離れたとき、彼もまたライネ河畔の美しい芸術の街に足を運んだのであろう。彼は、一〇年前に研究を離れたときよりも、今や研究するために大きく成熟し、また豊かな経験をして戻ってきたのである。彼は、その時以来、別人のようになった。今度は、自然科学への興味が彼を直接に大学へ導いたのではなく、まず第一に教育的な興味が導いたのであった。

彼は、合自然的な人間教育の理念の実現のために、すでにイヴェルドンにおいてその包括的な学問的基礎付けの必要性を感じていた。彼には、二つの面がとりわけ必要のように思えた。すなわち、言語学の面と、自然科学の面である。フレーベルの当時の教育的な立場を想起すれば、それは一目で直ぐに納得のいくものであり、実に思慮分別のあるものであった。

彼は、数年間ペスタロッチの試みに詳細に携わり、それが人間の幼児教育に向けられた優れた試みであると認識した。フレーベルは、偉大なスイス人の全著作のなかから、すでに当時『母の書』を最も評価し、またそれを「ペスタロッチの愛のある心情が子どもの養育を人類に与えることができる」極めて高尚なものとして率直に認めた。フレーベルは、この『母の書』に刺激され、確信を得ることができたのである。彼は、それをすべての人間陶冶の基礎は「観察」であると、一八〇九年の一二月に初めて言葉で表現した。それゆえ、最初の授業は「観察」のもとで組み立てなくてはならないのである。「観察」を通じてのみ、人は外界の必要な知識を得るのである。外界の基礎的な知識なしには、言語の基礎的な知識はない。なぜなら、言語は「外界の事物の本来の像（表現）であり、また表現された音声による様々なそれらの相互関連」であるからである。それゆえ、言語の授業と外界の観察は最初の教授の本来の内容でなければならず、それらが最初の人間陶冶の主柱でなければならない。したがって、当時フレーベルは次のように、最も早い時期の授業の形態を図式的に表現した。

生徒たちの判断力が成熟させられた後に、生徒は本当の抽象化の能力を持つことができるし、そのようにして空間の知識（外界の観察）と言語の知識を、より高度な学問的な授業の双方の系列に組み込むべきなのである。フレーベルは、この人間陶冶の本質のための学問的な基礎を造り出そうと探求し、それゆえ最も広い意味での言語学と自然科学を特に研究しなければならないと思ったのである。

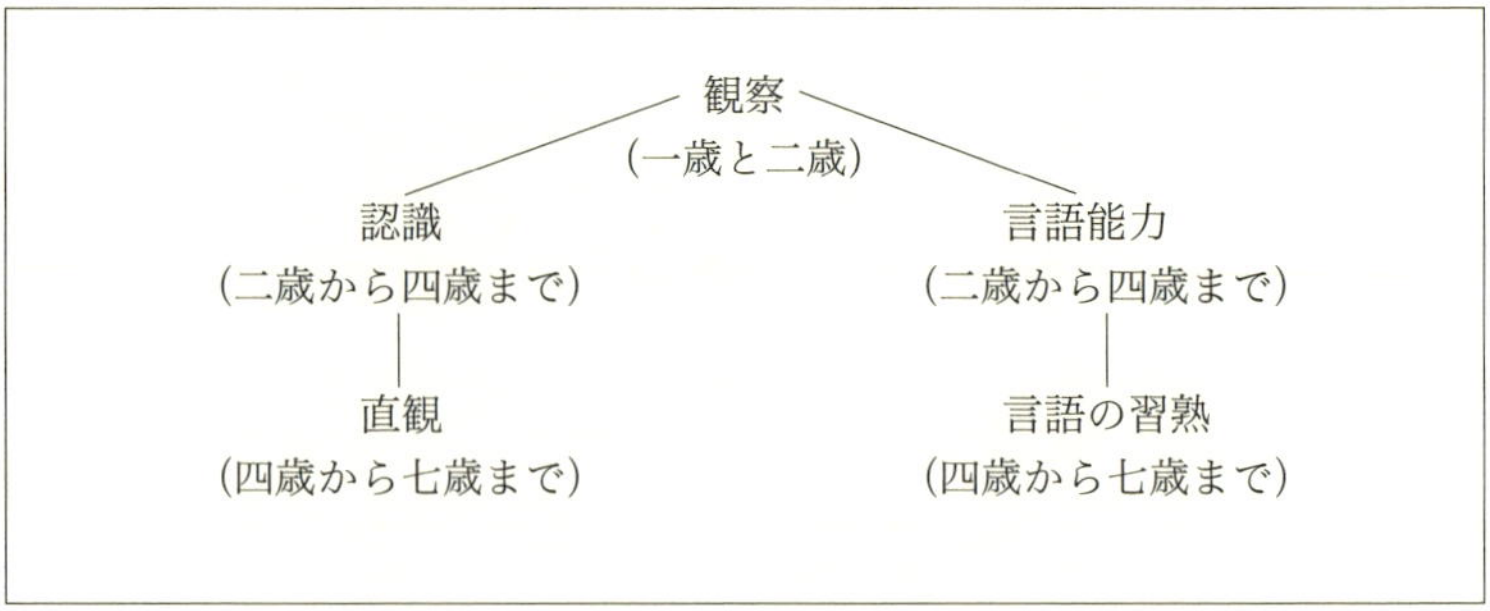

彼は、果たせるかなこの計画を携えてゲッチンゲンにやって来たのであった。一八一一年六月二三日、そこで彼は入学する許可を得た。まず第一に、彼は言語の研究に打ち込み、それも歴史的なものであって——とりわけ人類の発展との関連一般——が彼の興味をひいた。いつもすべての存在の起源に肉薄する彼の努力は、ここで彼をまず東方の言語に取り組ませた。彼は東方の言語によって「地上における人類の最初の出現へと、またその出現のなかで人間の最初の発話、すなわち言語へと」（ハンシュマン）導かれたのだと思った。そのように、彼は最初にヘブライ語とアラビア語、インドとペルシアの言語を研究した。彼は、かつてすでに学び始めたギリシャ語をふたたび押し進めた。しかし、彼はこれらの東方の言語を深く研究することができなかった。なぜなら、彼の教育の務めには例えばペルシア語やアラビア語の知識はまさにほとんど要求されなかったことが分かったので、確かに暫くして彼はそれらをまた断念したのである。そのために、彼はまた自然科学に転じたのである。

七．球体体験

当時の素晴らしく稀有な自然の光景が、フレーベルの全思想にとって、決定的な意味となった。すなわち、それは一八一一年の三月から九月までの半年以上の長きにわたって観測された有名な大きな彗星であった。当時フレーベルは、出現した星の光景に没頭するために、たびたびゲッチンゲンの近くのハインベルクに真夜中ごろまで留まっていた。この光り輝く星空の下の孤独な夜に、彼の人間陶冶の思想と、すべての存在と出来事の統一についての予感やすべての生命の統一の法則性についての予感がフレーベルの心情のうちで結びついたのであった。また、同時にそれらが生まれた付帯状況を考えれば、全く理解できる独特の傾向を獲得していたのである。当時、フレーベルは次のように書き記している。「球体は無限で絶対的な統一である。球体は統一における多様性の表現であり、また多様性における統一なのである。球体は統一から発展するその表現であり、そのなかには静止した多様性とまた統一に応じるすべての多様性の背後関係の表現がある。球体は、発生した存在の表現と統一からのすべての多様性の源である……それはそれ自体が無限の発展と限界のなかにあり、同時にそれを表現している。すなわち、球体は完全であり完璧なものである……どの事物も、あらゆる事物は球体の本性であり、球体の本質である……球体法則はすべての真の完全な人間陶冶の根本法則なのである」。この思想は、自然の力とともにフレーベルの心に刻み込まれた。とりわけ、彼の外的な表現にその点が見出される。すなわち、フレーベルは当時球体の象徴を彼の印章に取り入れたので、そのため彼の自筆署名と並んで、この興味深い印章を今なお多数のフレーベルの文書に見出せるのである。彼に影響を与えた当時の印象の強さは、彼が二〇年後に書き得たゲッチンゲン時代の思い出——一八三一年八月一八日にカイルハウの夫人に宛てた手紙——にもまた読みとれる。すなわち、「そこにすべてを包括し形成する偉大な自然と生命の法則が、その出発点において、私には明確でかつ生き生きしたものとなった……そこには人間生活……昔の時代からのすべてのもの……におけるような自然のあらゆる現象の大きく強力な球体の光景が私に生まれて、……不自然なもの、すべての想定されたものや説明されたものが……この思考のなかで憩い、湧き出し、生き、成長し、芽生え、花開き、結実したのである」。——それゆえ、フレーベルが後に球（例えば柔らかい形状のボール）を遊具の最初に据えたことと、またそれ以外のすべての作業教材がそこから発展したことは偶然ではない。一八一一年の彗星とフレーベルの球体の大きな体験が、その原因なのである。フレーベルは、「球は、私にとって完璧さの象徴である」（十全な完結）と、かつて書いている。「それは、私の……球体教育の原理、そして生命の原理の象徴なのである」。

しかし、大きな世界だけでなく、小さな世界もまた当時のフレーベルに興味を抱かせた。それゆえ、彼はその後とりわけ化学と鉱物学の研究に取り組んだ。特に後者は、間もなく彼を大いに魅了し、当時その学問の最も優れた教師であったベルリンの若冠三二歳のヴァイス教授を訪問するきっかけとなった。そのため、一八一二年九月二八日、彼はみずからゲッチンゲン大学の退学手続きをとった。

ベルリン大学は、当時まだ創立から僅か二年であった。ベルリン大学は、ヴィルヘルム・フォン・フンボルトの精神にふさわしく、ドイツの学問の中心となるべきであった。――フィヒテ、シュライエルマッハー、ニーブール、ザヴィグニー等々の――優れた教師たちが新しい大学で働いていた。一八一二年一一月一七日、フレーベルは新しい大学の「哲学の学生」に登録された。尊大なフランス軍がモスクワから逃走し、ベレジナに近づいたのは、まさにその頃のことであった。

フレーベルは、とりわけヴァイス教授の講義を聴講した。そこで、彼はついに彼が探していた精神と心情を見つけ、彼が必要としていたものを見つけたのである。そして、すべての生命現象の明確な内的連関についての確信が、彼にますます活気を取り戻させたのである。生活費の支払いのために、フレーベルは彼の研究とならんで毎週一時間プラーマンの学園の教師として働いた。プラーマンはペスタロッチの門下生で、フランクフルトでグルーナーが創設したように、ベルリンで似たような学園を設立していた。フランス人によって追放されるまで、F・ルードヴィヒ・ヤーンもプラーマンの学園で授業をしていたのである。

八．解放戦争への従軍——一八一三年から一八一五年——

フレーベルがベルリンで学生として過ごしたのは、政治情勢に関して不穏な冬のことであった。広範な意味を持つ出来事が、文字通りせめぎ合っていた。ナポレオンはロシアの雪原で彼の軍隊の残骸を見捨て、一二月一九日にパリに戻った。誰もがみな、急激な変化が起こったことと、またさらに大きな出来事の前夜にあることを予感し、感じたのである。一二月三〇日、プロイセンの将軍ヨルクは、ロシア軍司令官ディービッチとタウロッゲン協定を締結した。それによって、プロイセン軍はフランス軍との膠着状態から離脱することができた。シュタイン、ハルデンベルク、シャルンホルスト、アルント等のドイツの愛国者たちが不撓不屈の力を尽くし、一八一三年二月五日には東プロイセン州の総領邦議会の嵐のような熱狂のもとで——かつてのように王の命令で招集されたのではなく——解放戦争のためにすべてのものが、すなわち全般的な兵役義務、国土防衛軍、また予備役軍が必要とされた。すでに一月二二日、フリードリヒ・ヴィルヘルム三世は、ベルリンをフランス人の奇襲からなお確保し続けるために、ポツダムの彼の宮殿をブレスラウに移していた。それから、カリシュ条約が二月二八日にロシアとプロイセンのあいだのさらなる公式同盟をもたらし、三月二〇日には『シレジア特別新聞』に「我が民族に」の声明が現れた。そこには、「我々の存在と我々の独立と我々の幸福のために我々は存在するのであって、名誉の平和か誇り高い滅亡の他に逃げ道はなく、いわゆる最後の重要な戦いである」と述べられていた。召集活動は、言語に絶するものであった。民族は立ちあがり、嵐が起こった。大学の講義室、職人の工房、事務室、農園のすべてで人の気配がなくなり、誰もが急ぎ兵役に応じた。「プロイセンのもとに、メーメルからデミン、コールベルクからグラーツまで——祖国を救うために、そしてドイツを解放するために——ただ叫び声、感情、怒り、そして反抗があった。」（アルント）。

一八一三年のこの上ない春の日に、フレーベルはそのすべてを見て、また聞いた。直ぐに、ベルリン大学の学生全体のなかにまさに熱狂が最高に燃え上がった。フィヒテの熱烈な「ドイツ国民に告ぐ」は、すべての心のうちにまだ生きていた。それは、また根本においてフレーベルを軍隊へと呼び寄せた。後にフレーベルは、次のように書いた。すなわち、「なるほど私はふるさとと、生まれ故郷を持っていて、母国と呼ぶことはできたが、しかし本質的に祖国とはまだ呼べなかった。故郷は私を呼び出さなかったし、私はプロイセン人ではなかった。——しかし、それは、全く別のものであったし、確かに私を熱狂させるものではなかったが、ドイツの戦士の列に呼び寄せた堅固な決意を持つものであった。それは、私が私の精神において高貴で崇高なものとして尊敬する純粋なドイツ人の感情と意識であったし、またそれによって至る所で束縛を受けることなく、また自由であることを自分自身に知らせたいと、私は望んだのであった」と。

実際、感動的な「純粋なドイツ人の意識」は、至る所であらゆる時間、すなわち永遠に、束縛のないものへと発展すべきであり、フレーベルにとってそれは他ならぬヨハン・ゴットリープ・フィヒテによるものであった。一八〇八年、フィヒテの『ドイツ国民に告ぐ』が出版された。すでに同年の八月一三日に、フレーベルは兄のクリストフに宛てて、同書に関してその精神がフレーベル自身のうちに熱狂的に刻まれて感激していると書いている。特に、第七演説と第八演説はフレーベルに消しがたい印象を残したかもしれない。

フィヒテの論述によれば、ドイツ国民は、いわば自主的で活動的な組織体、「永遠の豊かさ」であり、「人間そのものにおける絶対的な始源や根源と自由や限りない改革を、また自分たちの種族の永遠の進歩」を信じるすべての人々の総体である。「すべては独創的に新しいものを生み出して自分自身で生きるか、あるいはそのことにあずかれなかったとしても、少なくとも決定された些細なものをそのままにし、その流れが本来的な生命を捉えるかどうかに注意を向け続けるか、あるいはそれがそのように広大でなかったとしても、少なくとも自由を予感し、そして自由を憎んだり恐れたりすることなく、むしろ自由を愛するすべての人たち、それらのすべての人たちは本来的な人々であり、彼らが一つの民族と見なされるのであれば、彼らは原民族であり、全き民族であって、ドイツ人なのである」。トイトブルクの森のゲルマン人と宗教改革時代の福音派は「勝利した。なぜなら、永遠なものが彼らを感激させ、この感激がいつも感激しない者に必ず打ち勝ったからである。勝利を勝ち取ったのは、貧者の暴力でもまた武器の力でもなく、むしろ心情の力なのである」。

また、フィヒテは、彼の八番目の演説の最後に、著名である外国の新しい文献を用い、次のことをすべて証明することを要求している。すなわち、「いかなる新たな賢人が、詩人が、立法者が、人類を永遠に進歩するものとみなし、また時間のうちのあらゆる人類の苦難を進歩に関連づけたと同じような予感をかつて示したか。つまり、誰かがその時点で、単に不平等でないだけでなく、国内の平和や対外的な国民の名誉を、最も大胆な政治的創造として成し遂げたかどうかを示す証明を求めたい。そして、最も極端な場合には家庭的な幸福よりも高尚なものを国々に要求したのか。人はこの徴候からすべてを推し量らなければならないし、最高のものであるこれらのことは、我々の人生にまたどのような必要も、どのような要求も認めないし、また我々に対してあの常に慈悲深い心情と、すべての利己心や欲望のないことを求め、もっぱら我々が望ましいものとして知っているすべてを見出したかのように、さらに我々に優れた配慮を信じることを前提として望むのである。しかしながら、それは我々のもとでもっぱら生きようとする高尚な人の理由が公の生活から消されたことに他ならない。そして、高尚な人に対して絶えず影響を受けやすいことを示した民衆は……彼らがそう扱われたいと望むよりも低級に扱われ、品位を下げられ、劣った種との合流によって民会の列から消されてしまうのである」。

「未来において我々のあいだに出てくる高尚な活動のすべてのこの破壊や、また我々の全国民のこの劣化を防ぐために、無駄に費やされた他のことの後でも、まだ残っている唯一の手段によって、この演説をあなたがたに提案する。演説はあなた方に真実で全能の祖国愛を提案する。その祖国愛とは、我々の民族を永遠のものとして、また永遠性の証人として把握するものであり、教育を通じてすべての人の心情に非常に深く、また消すことのできないほど確立するものである」。これはフレーベルを数年来感動させた思想であって、戦闘のラッパが大きな決戦を呼び、そしてすべての人々が群衆となって、今やそれはますます強調されたのである。フレーベル自身も記しているように、彼には、「祖国を守るためにみずからの血と生命によって武器を取る力のない若者たちが、子どもたちと少年たちの教師になれるとは、全く考えることができなかった」のである。「厚顔にも臆病で逃げだすような若者は、後に恥じることなく、生徒の嘲笑と軽蔑を受けることもなく、この生徒たちを偉大なもの、自己犠牲、そして献身へと向かわせ、感激させることができない」と、彼は考えたのであった。

それゆえ、フレーベルもフリント銃と背嚢を手に取り、プロイセンの列に入った。彼の師ヴァイスの助力のおかげで、フレーベルは装備をみずから整えてリュッツォー義勇軍に加わった。それほど多くはないのであるが、同時代の精神的に重要な人たち――実際にドイツの若者たちの精華であったテオドール・ケルナー、アイヒェンドルフ、フォーケ、マーラー・ヴァイト、ヤーン、フリーゼンなどが、このリュッツォー少佐の部隊に志願していた。シャルンホルストの作戦の後、リュッツォー義勇軍はドイツ人居住区のすべてを通って進まなくてはならなかったし、若者たちは共通の戦いに熱中しなければならなかった。義勇軍の最大数は、歩兵二八〇〇と騎兵五〇〇に、大砲八門からなる砲兵一個中隊であった。一八一三年四月二〇日、フレーベルは部隊の下士官兵名簿に登録された。彼は、別の志願兵たちとともにベルリンにおけるヤーンのもとに志願した。これらの小集団は、郵便馬車でドレスデンに行き、復活祭の初日に到着してリュッツォー義勇軍の部隊に合流した。当時、リュッツォー義勇軍の中心部隊は(四月一七日から二四日まで)ライプツィヒにあって、ザクセンとチューリンゲンから多くの志願兵が加わり、新しい集団が形成された。

復活祭の二日目の朝、小集団はリュッツォー義勇軍とともに、元気のよい歌とともにドレスデンから前進した。昼の休憩のあいだ――それはドレスデンとマイセンのほぼ中間であった――フレーベルはエルフルト出身のハインリヒ・ランゲタールと知りあいになった。このことによって、彼はヴィルヘルム・ミッデンドルフとバウアーに紹介された。四人の若者たちは直ぐに親しくなった。それは、ちょうどフレーベルの誕生日だった。リュッツォー義勇軍の狙撃兵たちは早めにマイセンに到着したので、すでに宴会を催しており、後にベルリンで枢密顧問官になったF・フォレスターが司会を務めた。それどころか、彼らのために自作の道化芝居も行われ、そして全マイセンの人々が嬉々とした若者たちの周りに集まった。翌朝、四人の新しい友たちは、畏敬の念を覚える古いマイセン大聖堂を訪れた。その後、ライプツィヒへ向けて行軍が開始された。固有の高揚した雰囲気が、若きリュッツォーの仲間たちを支配した。誰もが偉大な何かを、またいつの日かの未来をはらんだ何かを感じ、そして予感した。「春風が我々に向かって吹いた。」、「春は祖国の周囲にあり、また春は我々の胸の内にある。」と当時ランゲタールは記した。途中で、旅の馬車がリュッツォー義勇軍に出会い、なかからゲーテが彼らに挨拶をした。詩人は、目前に迫っている戦争の喧騒から逃れることを望んで、ワイマールからカールスバートへの旅路にあったことが分かった。四月二三日、一団はライプツィヒに到着した。一団は、当面そこで訓練されなくてはならなかった。なぜなら、まだ経験のない若い兵士たちは軍の任務を全く理解していなかったからであり、ランゲタールは次のようなユーモアのあるエピソードなどを我々に提示している。「我々は任務について何も理解していなかった。それは、後日直ぐに明らかとなった。我々が点呼に整列するために、ゆっくり銃を身につけ集合場所に歩いて行ったとき、総進軍のラッパが吹かれた。フレーベルは食卓から立ち上がったばかりで、飾り窓から外を見て、どうにか下に降りてくることができた。フレーベルは、我々と一緒に点呼に行く時に暇乞いをしたかったと、我々に伝えた。――集合場所に到着すると、我々は今まさに敵と対峙しているということを聞いた。けれども、ライプツィヒに残って予備訓練をしてもらいたいと望んだ者は誰でも、前もって自由が許されていた。当然、我々四人も出発するために大決心をした。我々は大慌てで宿舎に走っていき、湿った洗濯物をひとくくりにし、武器を取り息を切らせて戻った。我々は全身汗まみれで出発の整列をした。――これが喜びと歓喜の最後の日であった。なぜなら、今や我々の周りを危険が取り囲み、あらゆる種類の苦労と不自由が負わされるという重大な時がきたからである」。

四人の友人たちは、第一大隊の狙撃兵中隊に配属された。中隊は、一〇名の射撃連隊下士官と、二名のラッパ手と一〇五名の狙撃兵から編成されていた。中隊のほとんど半数が学生であった。――義勇軍はライプツィヒからエルベ川の中流へと行軍した。最初の野営の後、フレーベルはもうほとんど遅れなかった。黒服の狙撃兵は、エルベ川の中流の両岸を、見かけは無計画に、行ったり来たりした。五月一二日、黒服の狙撃兵は最初の戦闘を経験した。ダンネベルク付近でフランスの第一〇八連隊に突撃し、それを撃退した。戦闘の朝、テオドール・ケルナーは彼の有名な「戦いの前の連帯の歌」を創作した。フレーベルは、壮大な戦闘の光景に興奮した。戦闘後デッサウを超えてふたたびライプツィヒを目指した。リュッツォー義勇軍がすでにライプツィヒ平野に位置した六月四日、そこで停戦協定が結ばれ、義勇軍はふたたび引き返してエルベ川の後方に撤退しなければならなかった。義勇軍はハーフェルベルクの駐留営舎にやって来た。この休息期間は、義勇軍の軍事教育に非常に役に立ち、目下の兵士の訓練と演習を行うのに役立ったのである。戦争から見れば、読書家青年の小都市での生活は、とても快適なものであった。友人たちは四人一緒におり、頻繁に哲学や宗教の問題、芸術、教育、自然に関して真面目な討論をした。彼らは、タッソーとフェルスターのライン川の旅を読んで、周辺のハイキングを企て、まるで平和の最只中のような生活をした。

八月一〇日、ついに停戦期間が過ぎ去り、そして今やリュッツォー義勇軍にとって最も厄介な時期が始まった。義勇軍は、プロイセンの兵力の数をはるかに凌駕する敵軍を欺かねばならず、この目的のために一〇名から一二名の小部隊で昼夜敵と接触し、エルベ川下流の右岸からシュヴァリーンに全住民を捜索しなくてはならなかった。この時期の義勇軍は、戦場で手に入った唯一の食物、脂肪分のないパン入りスープと焼いたベーコン入りジャガイモを食べて生きていた。義勇軍は、家にもベッドにも入れなかった。リュッツォー義勇軍にとって、それは苦労の多い日々であった。大きな戦闘は起こらなかった。ただ、この時期では唯一、八月二六日にガーデブッシュ付近で遭遇戦が生じ、リュッツォー義勇軍はその詩人を奪われた。この戦闘には歩兵は参加せず、したがってフレーベルはテオドール・ケルナーの死に直面したわけではなかった。

リュッツォー義勇軍の不撓不屈の働きの結果、確かにフランスの元帥ダヴーをハンブルクに引き留めて置くことに成功したが、しかしリュッツォー義勇軍は作戦行動の大きな決定的戦闘に参加することができず、深い不満が黒服狙撃兵を満たしていた。グロースベーレンとデネヴィッツ付近のカッツバッハとクルムでの大きな戦闘はすべて、リュッツォー義勇軍が参加せずに勝利した。確かに、フレーベルと他の数人がより強大な部隊への転属申請を出したけれど、しかし国防省により転属申請は却下された。

リュッツォー義勇軍は、九月の前半に一度だけ大きな作戦の指揮をとる機会があった。すなわち、義勇軍はエルベ川周辺の他の部隊と共に行動し、ハンブルクから南に向かって出撃しようとしていたフランス軍のペシュー師団を奇襲しなければならなかった。ゲールデ付近で、フレーベルとミッデンドルフが参加した戦闘になった。リュッツォー義勇軍はこの戦闘で、とりわけシュタインケールの丘の急襲で、特に傑出していた。この突撃によって、アウグスト・レンツという名前でリュッツォー義勇軍に従軍していた勇敢な少女エレオノーレ・プロハスカも重傷を負った。ミッデンドルフは、彼女がフランスのルーゲルン前面の突撃で従おうとせず、むしろ反抗的表明をしたと語り、奴に賛辞を送るべきではないと語った。戦闘の二日後、彼女は傷がもとで死亡した。リュッツォーもまた重傷を負った。フレーベルは勇敢に戦ったが、しかし死体に埋め尽くされた戦場の光景にさすがに深い衝撃を受け、そして長い間その印象を克服できなかった。

翌週は大きな出来事もなく経過した。同盟諸国の大軍がとりわけライプツィヒ周辺での大きな決戦のためにまさに全面的に集結した時、リュッツォー義勇軍は奇襲によってブレーメンを攻略する命令を受け、義勇軍はその目的を果たした。翌月には、すべてがライデンの秋の会戦に動員された。リュッツォー義勇軍は軍服や衣料品のひどい欠乏に苦しみ、多くの者が裸足で走らなければならなかったし、食料は不十分で、宮舎は粗悪であった。そのために、無計画で無為に行ったり来たりしたことに戦士の不満が生じた。間もなく、義勇軍はオランダに向けて進軍しなくてはならなくなった。一一月一八日に——オランダへの進軍の途中、フレーベルは狙撃連隊の下士官に昇進した——その後また義勇軍はシュレースヴィヒ・ホルスタインに向かうよう指令された。義勇軍は、ベルナドッテの下でハンブルクの包囲攻撃に参加した。古いハンザ同盟都市の城壁の前に接して絶え間ない警戒をしながら、荒涼として音のないクリスマスが過ぎた。その後、身を切るような寒さのなかで、リュッツォー義勇軍はグリュクシュタット要塞に押し寄せ、それを攻略した時、また北方のレンズブルクへさらに移動した。

そのころ、リュッツォー義勇軍はオランダのライン川下流に駐留していたビューロー兵団に突然加わった。直ぐにまたそこへ急行軍で向かった。エルベ川は何よりも厳しい寒さのもとで氷結していたし――さらに雪解けまでは言葉に言い表せないほどの辛苦があった。ミッデンドルフはミュンスターでその大変な苦労に倒れ、野戦病院に残らなければならなかった。アーヘン付近で、リュッツォー義勇軍は緊急に必要としていた制服をやっと受け取った。「ある草原で大隊は停滞した。」とランゲタールは伝えている。「二月のはじめではあったが、しかしもう天候はとても穏やかであった。号令に応じて――奇妙な光景がマントから生まれた。なぜなら、マントは数週間以来リュッツォー義勇軍の唯一の制服になっていたのが判明したのである。あらゆる色の上着とヤッケ、ホルシュタイン地方の農作業着、赤い英国の燕尾服などを、かつては黒い上着だったものに継ぎ当てして直した黒いヤッケが、姿を現したのである。リュッツォー義勇軍の様相は、長い野営と冬の進軍により相当に荒んでいたため――ぼろ服をまとい長いひげと髪が一緒になった義勇軍は、狙撃兵の部隊というよりはむしろ盗賊団の風貌を与えていた。今やぼろ服は宙に投げられ、黒服部隊はふたたび新しく、きれいになった」。――リュッツォー義勇軍がその後進軍したアーヘンで、義勇軍は感激をもって受け容れられた。その後最終的に、一八一四年三月三一日に同盟軍が勝利を収めてパリに入り、ナポレオンがエルバ島に追放されるまで、リュッツォー義勇軍は長引く包囲攻撃のすべての苦労に耐えてユーリッヒ要塞の前で数週間にわたり留まっていた。その後、五月三〇日にパリ平和条約が締結され、六月三日にはフレーベルはすでに帰国の旅についた。リュッツォーは、フレーベルの退役許可証に、次のように証明した。フレーベルは「その勤務年限のあいだ、敵の前でも、自分の役割関係においても、あらゆる場面で常に勇敢で、名誉を重んじる兵士であった」と。

フレーベルはフランクフルトを通って帰国の旅をしたが、その際ホルツハウゼン家を訪問し、栄誉をもって迎えられた。その後、彼は自分の研究を再開するために、ベルリンへ向かったのであった。

しかし、ヨーロッパの諸民族は平和を長く喜ぶことができなかった。ナポレオンが収容されたエルバ島からふたたびフランスの海岸に上陸し、戦争の炎が新たに燃え上がったので、諸侯と指揮官がウィーンに集められた。ヨーロッパの諸民族は、一八一五年五月と六月に追放されたフランス皇帝に対抗して五〇万人以上の兵士を動員した。すべてが急遽また武器を取り、フレーベルも新たに意思表示をした。今回、彼はプロイセン国土防衛隊の士官として、最初はノイメルク国土防衛隊の歩兵部隊指揮官として会戦に参加しなければならなかった。一八一五年六月一八日、彼は内閣指令により「少尉」に昇進させられた。しかし同日、周知のようにナポレオンはブリュッヒャーとウェリントンの軍によってワーテルロー付近で打ち負かされ、そしてそれとともに会戦はすでに決着した。六月二二日、ナポレオンは帝位をあきらめることをフランス議会から強制されなければならなかったけれども、さらに同盟諸国が七月八日にふたたびパリに入った。それゆえ、もはやフレーベルは戦争の舞台に隊列を組んで出発することはなかった。コルシカ人とヨーロッパの強国とのあいだの激しい闘いは決着したのであった。

フレーベルがドイツ解放戦争の大変な時代を体験したことは、彼にとって瑣末なことではなかった。それらはむしろ彼の内面に後まで続く軌跡を残した。忘れ難い一八一三年という年がなかったならば、彼のより広い展開、彼の後の活動とその作品は、疑いなく多くの点で別の形を取っていたであろう。フレーベルは、リュッツォー陣営のなかで二人の誠実な友人、後の生涯の仕事において倦むことなかった二人の協力者──ミッデンドルフとランゲタール──を見つけただけでなく、とりわけ一八一三年の出来事を通じて彼ははじめて国家理念の強力な力を、明らかに自覚したのであった。そうでなければ、彼はあの比較にならない日々のように、ドイツ精神の本質をおそらくほとんど明確に感じることができなかったであろう。一八一三年の戦争なしには、フレーベルは後のカイルハウの「普遍的ドイツ学園」や、ブランケンブルグの「ドイツ幼稚園」を設立しなかったであろう。

九．結晶の世界への沈潜

最初の解放戦争の帰還から数週間後の一八一四年八月一日、フレーベルは彼の師であるヴァイス教授の勧めで、二〇〇ターレルの俸給と自由に使える住居や暖炉を条件として、ベルリン大学鉱物学博物館の助手として雇用された。同年一一月一六日付で内務省（文化公教育部局）からフレーベルに発送された通達に従って、彼は次の勤務に就いた。すなわち、「所蔵品の必要である決まった手入れ、例えば頻繁に必要とする鉱物の清掃と洗浄、鉱物の配列やそれについての適切な変更の補助、ヴァイス教授の講義中に当然助力を必要とするときの補助と鉱物についての共同管理、その講義中の鉱物の管理、多くの公開展示やただ単に大学生に鑑賞させるために展示したらよいときのために、ヴァイス教授の指示に従って特に厳しい監視規定が定められたすべての所蔵品の目録作成の補助等々」のすべてであった。今や、フレーベルは一日の大部分を鉱物展示室のなかで過ごさねばならなかった。しかし、彼には講義を聴講することと、彼自身が二、三の講義時間を教授することが許されていた。

フレーベルがこの職で過ごした数年間は、彼のさらなる高い段階への発展のために、極めて有意義であった。平穏で勤勉な仕事――世間の喧騒から遠く離れた――のなかで、博物館の平安のなかで、彼にとって鉱物は「静かな、自然の何千もの創造的な活動の沈黙したもの」であった。その時、神的なものは最も大きなものだけでなく、同時に最も小さいものでも、まさにその全き豊かさと力が最も小さなもののなかにも現れるということを、彼はまだ明確に認識していなかったようである。有機的な世界は生命と法則性が浸透していて――実際にそれは信じられない大いなる神秘であるにも拘わらず、――確かにそれは人間にはすでにそのようにいくらか自明なことである――それゆえまさにもう堰き止められないのである。しかし、人間がまた外見上魂のない世界のなかに、したがって無機的な世界のなかに――結晶に関する緻密な仕事によって生まれるような――精神と生命の手がかりを発見したならば、それはさらに驚くべきことである。

どの個々の結晶も全く一定の幾何学的な（それぞれ等辺の、あるいは二等辺三角形や同じ大きさの正方形等々の）形の規則的な繰り返しに、しかもすべて（四、六、八等々の）常に全く同じ数に基づいているのである。一定の数と正確な幾何学的形象の出現は、――我々の経験に従えば――確かな精神的作用を前提とする。「生命のない岩石」においてその作用が現れ得ることは、あらゆる無邪気な人たちの心を驚きで満たすに違いない事実である。そのように、ベルリンにおけるフレーベルの助手時代は、この大きな内的経験によって満たされていた。彼を囲む結晶は、彼には人類の発展にとっての鏡となった。「自然と人間は、まだ発展の多様な段階にあっても相互に説明がつくように私には思われる。すなわち、人間は自然の事物の知識によって、まさしく大きな内的相違のゆえに自己と生命の認識のための、また自己と生命の描写に至る基盤のための指導を受け取るのである。」と、彼みずから書いている。そのように、ベルリンの王立博物館で鉱物の仕事に従事している間に、フレーベルのなかに偉大な思想が高く芽生えたのである。つまり、それは自然と人間の生命の同一性に基礎を置く教育であり、その思想のゆえに彼はその将来の全生活を通じて闘ったのであって、その思想によって彼は我々の偉大な教育者たちの列に加わったのである。

フレーベルがヴァイスのもとで働いていた間、彼の友人ミッデンドルフとランゲタールは二人ともまたベルリンにおり、詳しく言えば家庭教師としての身分を得ていた。今や彼らは度重なる交友を再開し、かつてのリュッツォー義勇軍の三人の友情は、さらに堅固で親密なものとなった。

しかし、一八一六年一〇月一日にフレーベルはベルリンを去ったが、彼の辞職願はすでに四月一八日付で認可されていた。彼は故郷に戻った。グリースハイムの牧師であった兄のクリストフが亡くなったのであった。彼は、一八一三年の秋に、病気の兵士の世話をしていた際に病をうつされたのである。彼の三人の息子たちが男の指導を必要としていたので、フレーベルは未亡人の願いに応じ、親を失った甥たちの父親の代理をするために、また彼らの教育の継続を引き受けるために、グリースハイムにやってきたのであった。

一〇．カイルハウ学園の設立者

オスターオーデ・アン・ハルツから、小さな教育の家族が引き続き移住してきた。そこオスターオーデにフレーベルの兄クリスチアンが住んでいて、さらなる専門教育のために彼の二人の少年たちをグリースハイムに送ってきたのであった。フレーベル自身は、一八一六年一一月一三日をグリースハイムでの教育活動の開始と称した。彼は、少年たちと一緒に借家の農家に住み、彼らの教師であると同時に彼らの友であった。フレーベルは、そのように彼の後の学園のための基礎付けをした後に、ベルリンの友人たちに開始の通知を出し、また彼らに将来の世代のよりよい教育をめざして共に働くためにフレーベルと合流する意志があるかどうかを問い合わせた。ミッデンドルフがまず自分の神学の試験を終えた後に、すでに一八一七年の復活祭にフレーベルの招きに応じて、グリースハイムにやってきた。ランゲタールも遅れてあとに続こうとしていて、そうこうするうちに彼は弟をフレーベルのもとに生徒として送ってきたのである。

一八一七年六月、牧師の未亡人フレーベル夫人は、転居するためにルードルシュタットのカイルハウに小さな農場を買った。フレーベルは、ひどく老朽化して荒廃した家屋を差し当たり住み心地のよい状態に変えるために、少年たちとともに引っ越した。窓をはめこみ、内壁を白く塗り、暖炉を設置するなど、多くのことを整えなければならなかった。フレーベルは、自分で非常に多くの仕事を少年たちとともに行った。この間、規則正しい授業はもちろん考えられなかった。それから、同年九月に試験が終わった後でランゲタールもまたカイルハウにやってきた。生徒たちの数は徐々に増加し、ささやかな開始から次第に大きな学園が栄えたのであった。学園は、今日もなお存在し、大変な名声を享受している。

それに続いて、最も重大なことが為された。フレーベルの心情に人生の伴侶への望みがますます出てきたのであった。彼は、以前ベルリン鉱物学博物館の助手の時、教養があり才気溢れる女性と知り合った。その女性は、プロイセン軍事顧問官ヴィルヘルミーネ・ホフマイスターの娘であった。彼女は短期間であったが、軍事顧問官クレッパーと結婚していた。しかし、子どものいなかった夫婦生活は、夫の不倫のために直ぐに離婚に至った。それ以来、ヴィルヘルミーネはまた父親の家に住んでいた。彼女は、同時代の精神生活に活発に関与し、とりわけシュライエルマッハーとフィヒテの講義を好んで聴講した。また、彼女は王立科学博物館にもしばしば訪れ、鉱物学博物館の助手たちと自然と神についてかなり本質に迫った話を展開した。今や、フレーベルはしばしばその時を思い出し、思慮深く思いやりの深い女性の心情と彼の運命とを結びつけることを強く望んだのであった。それゆえ、ついにフレーベルは、彼女が信じる理想の実現のために全人生を賭けることができるかどうかを、手紙で彼女に問い合わせたのであった。そして、彼は若い婦人の喜びに満ちた同意を受け取ったのである。一八一八年九月二〇日に、彼らの結婚がとり行われたのであった。

フレーベルの義姉は、これまで彼がいずれは自分を妻に選ぶことを望んでいた。彼女は自分が思い違いをしてしまったと分かった時、気分を害し憤慨して彼と交際を絶ち、ルードルシュタットのフォルクシュタットに転居した。フレーベルは、すでに一八一八年の夏に彼女のために高額で彼女のカイルハウの農場を買い取り、それによって新しい学園の唯一の所有者となった。企画の持続とさらなる拡充は、さらに多くの資金を必要としたが、フレーベルはその資金を持ち合わせていなかったので、直ぐに彼は借金に陥った。一八二〇年、それまでオスターオーデの工場主であったフレーベルの兄のクリスチアンが、弟の生涯の仕事を資金的に援助するために、家族全員とともにカイルハウに移ってきたので、確かに経済関係が一時的に改善し始めた。しかし、まもなくふたたび懸案が生じ、危機を克服するために理想を志向するあらゆる人々の多くの献身をしばしば必要としたのであった。

外的な苦境にも拘わらず、フレーベルは彼の教育理念をますます拡充し、一連の小さな論考を執筆した。その出版によって、新しい学園は広く知られるようになり、四方八方から生徒たちが殺到し、一八二五年に学園はすでに五六名の学童を数えた。しかし、また反対者も動き出した。ドイツ国家教育の思想が、一定の領域に民主的に、それゆえまた致命的に現れたのである。当時は扇動家たちが嗅ぎ廻る悪名高い年であった。旧リュッツォー義勇軍の一一人によって一八一五年六月一二日にイエナで創設されたドイツ学生組合は解散させられ、古いドイツの制服が禁止され、誰しもドイツの愛国者として活動することが求められた。

学生組合の一員であったミッデンドルフの甥のヨハネス・アーノルト・バーロップは、当時カイルハウに隠れ家を探して見つけた。そのために、カイルハウは追跡者の扇動家たちに嫌疑をかけられ、学園に対する非常に激しい告発がなされた。人々は、シュヴァルツブルク・ルードルシュタット政庁に学園の解散さえも要求したのである。その間に、シュヴァルツブルク侯は後の管区総監督官ツェー博士をカイルハウに送り、彼自身にその地の情勢についての厳正な報告を行わせた。報告は最大限の好意的な結果となった――それはそうと、報告はオーケンスにおける一八二五年のイジス誌上に掲載された――そして「この学園のすべての授業は変化しうる。それゆえ、後の唯一の世代を精神的によりたくましく、原罪にも拘わらずより純粋により高貴な国民がそこから生まれるにちがいない」という判定に達したのである。この報告の結果、ルードルシュタット侯爵政庁は、フレーベルの学園に対する何らかの措置を講じることを拒否したのである。特に、侯爵夫人カロリーネは、カイルハウに対する関心を持った。この才気に満ちた女性の筆を通じて、我々は当時の学園の授業活動について、簡潔で明確な同時代の描写を知ることができるのである。すなわち、彼女は学園への長期訪問の後、一八二五年の五月にカイルハウについて次のように記している。

「身体は力強く自由に動かしてよいし、またここで賢く洗練された感情や精神に基づく内的生活が、よく整えられた外的生活に完全に適合する。

授業は、一五歳の少年の場合、ただ自分でよく考え外界の事物の区別を教えることで始まり、そして自分の身近な環境で直観することが明確に自覚され、しかし同時に正確な言葉で表現され、未来の財宝のための初めての寄付として、彼の最初の知識を喜んで学ぶのである。精神の自発性は、授業の第一法則である。この授業は、ゆっくりと絶え間なく、段階的に、そして常に内面に達する。それは精神の本性における相互関係に基づいて進むことを意味している。

この授業の目的は、決して知識や学問ではなく、むしろ自由で心の奥底からの精神の自立的な陶冶であり、——全き人間、ポーランドにあるような真実の啓蒙と真正な信仰心のあいだに存在する内的本質の陶冶である。そのように発展させることは、彼自身を開花させ、また清らかな意識のなかで彼に力が付与され、彼は集団によって集団になることができる。

もし、精神を覚醒して強くするための、また人間を高い使命へと導くための、より一般的な方法が与えられていたならば、カイルハウでの学問は価値がなかったであろう。またそれについてのみ、カイルハウでの学問は、また特別に育成されている。なぜなら、この現世の生活には、精神の本質に基づいての、また誤りのない教育方法が存在しないからである。実際、高い目的のために、学園の生徒たちをあらゆる知識に向けて真に奉仕させ、また効果あるものとすることは、やがて彼らが知識の様々な段階に気づくことになる。彼らが知っていることは、形のない基準ではなく、むしろ形と生命を持ち、何か可能であれば直ぐに生活に適用されるであろう。ここには、自分の家にいて、口真似や不明瞭な知識によって知る者は誰もいない。彼らが言うことは彼らの内面にあてはまり、それがどれほど彼らの内面において必要かが明らかになる。頑強さと断固たる態度をもって自分自身の信念に身を委ねるまでは、教師たちの信じることを通じて心を揺るがすことはないであろうし、彼らは思い違いをしないのである。すべてが記憶されていなければならない。すなわち、彼らが思い浮かべることができない場合、それを彼らは受け入れることはないのである」。かくして、シュヴァルツブルク・ルードルシュタット侯爵夫人も、フレーベルの学園をそのように判断したのであった。

しかし、敵対者の嫌疑によって、生徒たちの多くの親がその子どもたちをカイルハウから引き取るという事態が引き起こされた。そのために、翌年にかけて学童数は憂えるほど減少したのであった。

一一．一八二六年の著作『人間の教育』

外的な情勢の憂慮にも拘わらず、フレーベルは二〇歳代前半の時のような力で彼の書くべき根本的な著作を見出した。すなわち、『人間の教育――カイルハウの普遍的ドイツ学園における教育と授業と教授技術の取り組み』である。同書は、最も価値のある哲学的な入門書である。一方で、フレーベルの教授法の詳細な説明を同書の他の大部分にわたって叙述している。

残念ながら、フレーベルの表現法はしばしば非常に難解である。それゆえ、この比類ない作品の深淵にもたらされるのはごく少数の読者である。しかし、まさにこの無類の理念の偉大さと広さは、フレーベルの天才性を明らかにしている。少なくとも、『人間の教育』を根本的にある程度理解した者だけが、フレーベルの精神について本当に何かを感じたと言うことができる。それゆえ、『人間の教育』の第一章を貫く大きな精神的な方針が、また同時にフレーベルの世界観を表現する本質が次に証明されるべきである。そこには、フレーベル教育学の全体の手掛かりが同時に横たわっているのである。

そこで、偉大な著作それ自体を正しく理解するために、読者を内面的に整えることによって、次にフレーベルの『人間の教育』の序論を叙述しなければならない。

(一) 神と世界

全世界——すべてのもの、宇宙——は、比類のない大きな有機体であり、そのもののなかに永遠の法則性が作用している。

この法則性は、外的な自然のなかに、また精神性のなかにも現れる。

生命は、精神的なものと物質的なものとの結合である。精神的なものを欠く物質は死んでいる。実際、それらはまた精神的なものの関係なしには無秩序なままであり、混沌のままである。まず、精神的なものが物質的なもののなかに入り込むことによって、宇宙が生じる。

形のなかに精神的なものが明らかになる。どの被造物も、どの事物も形成された物質である。それゆえ、すべてのものは根本において物質や純粋な形から成っている。物質的なものなしには、形は知覚されないであろう。他方、形なしに、したがって精神的なものなしに、一般に事物は存在しないだけではなく、さらに同様にただ無秩序な群れに等しい。物質的なものをまず特定の被造物や特定の事物にまで作っているものは、したがって精神的なものであり、形なのである。それゆえ、精神的なものが、事物の本来的な存在なのである。

同一の法則性の支配の内にあり、また何千もの結合や関係と変化の作用のあいだに存在する形のこの限りない豊かさは、――それはまさに思考の必然性である――根底に精神的な統一性がなければならず、生き生きとし、それ自体不断に手に入れた統一性から、この形がすべてのものから――永遠から――溢れ出なければならない。「この統一性は神である」。

すべての形は、――したがってすべての被造物とすべての事物一般は――神に由来するのである。神が前提であり、それらの存在の条件である。神なしにはそれらは存在しなかったであろう。「すべての事物の唯一の根本は、神の内にある」。

すべての事物は、何か精神的なものに基づくそれらの真の本質にあるがゆえに、またそれらは精神的な形と存在によってのみ授けられたがゆえに、そしてその精神的なものは永遠の統一性に、神に直接由来するので、それゆえあらゆる被造物の内には何か神的なものが宿り、作用し、支配している。全宇宙――すべての被造物とあらゆる形の総体――は、ただ神的なものの内にのみ生き、また存在するのであり、「そして精神的なものは、神によるのである」。

したがって、神はすべてを包括するもの、すべてを保有するものであり、神は真の本質であって、世界の意図なのである。神なしには、世界は全く存在しないであろう。それゆえ、フレーベルは彼の代表作『人間の教育』を「神に」捧げたのである(註1)。

したがって、神の内に作用する神的なものを通じてのみ、世界の事物は存在するのである。「すべての事物の内に作用する神的なものが、すべての事物の本質なのである」。

しかし、世界は単なる「神の愛」ではなく、神は家のなかにいるように世界の内に住んでいないのである。神と世界のあいだには、むしろ芸術家とその作品のあいだのような類似の関係が存在する。芸術作品が芸術家の精神をそれ自体の内に宿すように、宇宙は神の精神と本質を表現している。芸術家が自力で作品を創作するならば、彼の精神は乏しくなることはなく、世界精神もまたすべての創作に拘わらず弱まらないままであり、また分割されないままである。そのように、人は芸術家の本質を理解しようとし、彼の作品を鑑賞しなくてはならない。——そのように、人は神を理解しようとし、神の創造の内に、自然の事物の内に沈潜しなくてはならない。また、芸術家のすべての作品は消滅するかもしれないが、それによって彼自身が根絶されることはないであろう。そのようにまた、すべての自然やすべての被造物が同様に瓦礫に至ったとしても、その存在の内で神が脅かされることもないであろう。したがって、世界のあらゆる面での浸透（内在）と、そのための同時の絶対的な高揚（超越）も、世界に対する神の関係なのである。

（二）人間の使命

あらゆる被造物、すべての事物一般は、生まれながらにただひとつの使命——ただひとつの召命——を持っている。すなわち、精神的なもの、神的なもの、まさにそれらの内に眠っているもの、したがってその本質を成すもの、この精神的なものを——物質の内に、現象の内に踏み入れさせることなのである。物質的なもののなかに現れ、また啓示を望むことは、まさしく精神的なものの特質なのである。

精神的なもの自体のこの現出は、衝撃を伴って生じるのではなく、むしろ序々に進行する発展の内でのみ生じるのである。どの被造物も実現し「表現する」べきものであるいわゆる使命、いわば純粋な形、「理念」が、念頭に浮かぶのである。被造物の内にあるあらゆるものが、この目標のために突き進むのである。その高尚な発展のすべては、この目標にますます近づくこと、その「理念」をより純粋に具体化することにのみ基づいているのである。

したがって、すべての被造物の使命は、根本的には「表面でまた模範的なものによって神を表明し、明らかにすること」に他ならないのである。

人間は――その他の被造物とは異なり――自分の存在、自分の思考、感情、意志そして行動を、簡潔に言えば自己自身を意識する能力を持っている。この自己自身の意識は、――自己の内なるすべての精神的なもののように――神に由来する。それは、何か神的なものに基づく本質である。人間の自己意識は、神の内においてより高い能力、より高い完全性へと高められなければならない。すなわち、我々には他のことが全く考えられないであろう。

したがって、人間の特別な使命は――他のすべての被造物と共通して持っている使命と並んで――、この自己自身の意識の絶え間ない向上のなか以外にはまさしく存在し得ない。それは、実に最も深く最も神聖で、高貴な性質を持つすべての人間の努力であり、自己自身に関して明らかにすること、自己「自身を認識すること」であって、この方法で人間の「最も内的な召命」を発見するために、人間一般の本質と個々の人間固有の本質を把握することなのである。

さらに、人間の振る舞いのすべては、この目的に適合する「自己決定と自由によって」、言葉の最も高貴な意味で「発揮される」のであって、それは人間にとって最も高尚で価値のあるものなのである。したがって、人間の使命は、自分自身の明確な意識に到達することなのである。人類は、この方法で常に極めて精神的に、より神的で、より完全なものになるのである。

(三) 教育の目標

教育の課題は、先天的なものに基づいて、人間の内で衝動が強くなり、自己自身をはっきりと意識すること、またさらに認識された使命にふさわしく生きるために、そのように人間を扱い、人間の精神的な生活を活発にすることだけに、その本質があるのである。それによって、もっぱら人間の内にある特有なもの・人間性が覚醒され、また発揮されるのである。

この方法でその固有の使命が果たされるであろう人間が、人間として完全であるのであろう。なぜなら、人間の完全性の方式は絶対的なものではなく、むしろそれは個々においておよそ相対的なものであって、したがって使命と個々の念頭に浮かんだ理念でのみ測ることができるのである。人間自身がそれに近づけば近づくほど、人間はより完全になり、「より純粋」でより損なわれることがなくなり、その生命は「より神聖に」なる。この使命からのどのような逸脱も、いわば彼の精神的な核心の「損傷」なのである。

人間の目標は――またそれゆえ人間の教育の目的も――「(そうした) 使命に忠実で純粋な、そして不可侵の、それゆえまた神聖な生命の表明に基づく願望」以外にあり得ないのである。

この目標の明確な認識と、この目標に向かう自己の生命を自覚した形態が人生の知恵であり、「自分自身についての知恵」なのである。――「存在するための方法は、人間の最も高尚な努力であり、人間の自己決定の最も高尚な行為なのである」。

教育がそのような立場にあるならば、教育はさらに若い人を助けてその内にある神的なものをますます発展させ、表現させ、また自覚へと高めるであろう。この方法で、人間はいわゆる神的なものの手段となり、いわば神的なものによってほとばしり、またみずからを明らかにするパイプとなるのである。

(四) 求められる教育

神的なものが人間の内で影響を及ぼし、神は人間の内に、また人間を通して現れ、そして明らかにしようとする。「神的なものの作用は、人間の内で妨げられることのない必然的な善であり、善でなければならず、全く善以外にはあり得ない」。この神的なものは――前で説明されたように――人間の本質を規定するので、したがって人間は内奥の核心の善に向かうのである。

人間は、またもちろん素材から、物質から、「肉体」から成るので、人間本性の資質の限界を見出すが、その出現において全く足踏みをすることはできない。子どもらしいわがままは、例えば「最初で最も不快なすべての欠乏」のように、精神に対する肉体の反応で表現される。

人間本性の善は、まさしく完全なものとして同様に現れるのではなく、また確かなゆるぎないものとしてでもなく、むしろ何かまず発達したいもの――努力――として現れるのである。

すべての被造物に内在する精神的なものは、すべての被造物に形を与え、すべての被造物を構成しようとして、至る所で強く確実に現れる。「そのように、幼い鴨は沼に向かって急ぐ……一方では雛鳥が地面を引っ掻いている」。そのように、あらゆるものが――内的な衝動に従って――そのものにふさわしく、また必要であることを率直に行う。そのように、内的な衝動が幼児を駆り立てる――また当面は無自覚であったとしても――その子にとって最善であることをまさに率直に行い、そして幼児はそのために自分の内に力と資質を感じるのである――それゆえ、最も初期の教育は「(ただ保護し、守ることだけに)専念し、指図や決めつけや干渉をしない」ものでなければならない。

「我々は、若い植物と若い動物に空間と時間を与える」。なぜなら、我々はそれらがさらに「それぞれすべてに作用する法則に従って、見事に発達する」ことを知っているからである。我々は、若い動物と植物に強制的に介入するあらゆる影響を控える。なぜなら、我々は介入によって動植物の健全な成長を害することを知っているからである。「しかし、幼児は人が意志通りに捏ねて造ることのできる蝋人形や一塊りの粘土になっているのである」。

「沈黙の言葉の内で自然が教えるもの、それはもはや最初から子どもたちの『形』と使命になるのではないであろう」ということを人が聞いたならば、人はもはや子どもたちの本性に反して介入することはしないであろう。――その時はじめて、人間の子どもたちもまた「見事に発達し、そして全面的に発展した存在になる」であろう。

フレーベルの教育学の核心は、この自然の原理、有機的な原理の発見にあるのである。

(五) 規範的教育

人間の根源的な状態や無垢の状態——その理念——は、明らかに現れるのは希である。「しかし、それはその反対のものが確実に際立つまでは、個々の人間においてさらに一層前提とされなければならない。なぜなら、そうでないとまだ健全であると当然分かる無垢で根源的な状態も、またなおさら直ぐに消滅し得るであろうからである」。

しかし、信頼のある教育者は、「子どもの内の根源的なものの侵害」を認識し、さらに規定され、定められた教育方法を始めるべきことを認識する。もちろん、どのように侵害が生じるか、また子どもがどの方向に向かうのかを、個々の事例のなかで確信をもって証明することは非常に難しい。確実な試金石は、「本来的にはただ人間自身の内に」横たわっているのである。

それゆえ、若い人が自分自身について明確にすることを始めるならば、すなわち彼が自分自身と類似のより高貴で精神的な能力を心の拠り所とすること、例えば彼の父や「若者たち」を「師」として、あるいは最終的に神自体を拠り所とすることを自覚するならば、この規範的な教育方法がはじめて開始できるのである。

この時期までに、「あらゆる面から配慮する関係と環境に若い人をもたらすこと、そこで様々な側面から、同様に彼の振る舞いを鏡のように彼に対面させること、そして彼がその作用と結果のなかで、彼の振る舞いを簡潔に素早く」認識すること以外に、若い人には何もできない。この時に重要なことは、教師も同様にまた若い人として自分自身の真の状態を明確にすることであり、加えて「内的生命の侵害の出現」が引き起こすであろう被害を可能な限り少なくすることである。したがって、道徳的に方向付けられた共同体が必要である。それは、一方で子どもをまだ完成したものとして捉えるのではなく、それゆえ子どもに忍耐を示すことである。しかし、他方ではあらゆる「逸脱」に正常な反応をし、したがって――非力な両親のもとでしばしば引き起こされるような――間違った愛からではなく、すべてを耐え、また受け取るのである。この方法によってのみ、若い人はその振る舞いを鏡のなかのように見ることができ、自分自身を判断することを学ぶことができるのである。

規範的教育は、「自分自身のための二面にすぎないもの」を、すなわち一面では「理念」を、他面では「すでに以前から存在していた模範的なもの」を有しているのである。

その際、理念は自分自身の内に生き生きとした根拠のある思考を要求するので、「そこでいわば永遠なものそれ自体が支配するのである」。「高い人生目標によって満たされ、またあらゆる献身に専念するすべての人間においても事実その通りなのである」。

また、「模範的なもの」は――「それがもし模範に基づいた形に受け取られるならば、人間の精神的で模範的なものすべてが大きな誤解となる」。それは、ただ人間の努力に基づこうとし、また基づくべき模範である。模範として形に基づいて行われるところでは、感動的で励ます代わりに、模範的なものが作用しなければならなかったように、押さえつけ阻止するように作用するのである。

したがって、確かに生き生きとした「理念」あるいはすでに早くから存在した「模範的なもの」が、人間に先んじて促進され命じられて存在するが、「しかし精神と生命の関係のなかだけのことであり、形に関しては少しも要求されておらず」、そこにはただ「容赦も制限もなく」現れたし、「その際に全体的なものの本質と必要性のある個々の本性の要求」が生じるのである。

このより高い必要性は、すべての規範的な教育のもとで決定されたものなのである。教育者と生徒のあいだに浮かびあがる目に見えない第三のものとしてでなければならない。それらは、教師と生徒は同様にそれに従わなければならない。気分や恣意が教育者から語られてよいのではなく――それによっては反抗と偽りしか子どもの内に生じないであろうし、――むしろ常に「前提から必然的に生じた」最善のものと正しいもののみが語られてよいのである。子どもは、教育者の要求することが恣意的なものかどうか、あるいはそれが必要なものとしてのみ教育者によって吐露されたものかどうかについての感覚と紛れもない感情を持っているのである。

かくして、教育者は――最も些細な要求に至るまで――どの要求においてもより高い必要性のみを言葉にする最善の存在になるし、教育者は道徳的な世界秩序の担い手として、このより高い必要性の口述者や表明者となろうとする人に他ならないのである。

このように教育者が振る舞うならば、そのような教育者はさらにフレーベルが考えるような真の教育者である。そのような教育者は、一方で個々のものと特別なものを普遍と永遠のなかに高め、またその行いによって高尚な厳粛さを与えるが――「けれどもまた上からのまなざしで熟視するならば、最も日常的なものが全く異なるようになる」し、――また他方では普遍なものと永遠なもの「特別なものと個別なもの」を整える、すなわち具体的な個々のもののなかに普遍を適用して実現するのである。そのような教育者が「内なる外面的なものと外なる内面的なもの」を整えるのであり、それがフレーベルが教育者に要求したことなのである。すなわち、「教育者は有限なものを無限的に、無限なものを有限的に観察し、またその両者を調整して生命のなかに据えなければならない。すなわち、教育者は人間的なもののなかにある神的なものを知覚し、また直観しなければならないし、そして人間の本質を神において証明しなければならないのであって、またその両者が互いに生命のなかに現れるよう努めなければならないのである」。

(六) 人間と人類

フレーベルが「人類」について語るとき――彼はたびたび語っているが――彼は――それを今日我々の用いる語法であるように――人間の総体を考えないで、むしろ彼の時代の意味のもとでの「人類」を考えている。すなわち、それは人類の内に影響を及ぼす精神的なものであり、人間の本質の特徴をなす――まさにゲーテもまたその意味における「人類」という言葉を必要としたような――人間としての特性である。「人類」と「神性」という二つの概念は、無限なもの、純粋に精神的なものを意味するのである。

すべての個々の人間は、人類の不可欠で本質的な構成員である。個の存在の無限の豊かさのなかにのみ、人間性はそのようなものとして十分に本領を発揮できるし、全面的に明らかになる。それゆえ、有限な形態のなかの無限なものや時代の形式における永遠なものは、個々の人間における豊かさにおいてのみ現れるのである。

そして、「人間における人類」は、硬直した固いものではなく、むしろ「恒常的で常に進歩し成長するもの、みずから発展するもの、永遠に生き生きとしているもの」であり、それはある発達段階から他の発達段階に向けての「無限性と永遠性に安らぐ目的において」引き寄せられるのである。

この認識は、教育者にとって最も意味のあるものである。なぜなら、もし教育者が――この事実とは反対に――人類を何か完結した既定のものとして見なすならば、彼はまさに現在のことを繰り返し続けようとする他には何もできないであろう。その場合、すべての次の世代はただ「表面的には死んだ肖像、いわば前の世代の鋳物」になるだけである。それに対して、フレーベルのように「人間における人類」を恒常的な「自己の発展」と見なす教育者は、つねに新しい岸辺に視線を向けられるのである。教育におけるあらゆる図式は、教育において厭わしいことである。それにも拘わらず、彼はその子どもたちの魂の内に新しい芽と開花を発見する能力を持ち、子どもたちに根拠のある評価をする資格と、子どもたちを育成する資格を持つのである。

(七)「生命の合一」の思想

すべての生命と存在の関係についての意識は、人間にできるだけ早期に芽生えさせるべきである。あらゆる被造物には神の精神による何かが生きており、すべての創造物には根源的な力の一部が作用していて、根源的な力の一部はまったくすべてのものに行きわたっている。したがって、それはすべての被造物に現れ、目立たない結晶から人間まですべてに現れる根源的な力や根源的な精神なのであって、至る所で根源的な精神が明晰さと完璧さの様々な段階においてのみ現れるのである。人間がそれを考慮に入れ、それを予感するならば、人間はすべての被造物と自然のすべてとの合一を感じるのである。それがフレーベルの「生命の合一」であり、それは彼の思想のすべてを貫き、この連帯の感情や彼が依拠する神と人間精神との統一の感情と、また至る所で同様の根源的な精神が表れる自然と、根源的な力が作用する人類との統一なのである。

成長した人間をこの生命の合一の意識へと導くこと、それがフレーベルの見解に従った学校の本来の使命なのである。彼は、「学校は努力すること、事物の本質とその内的生命、そして生徒たちに自分たち自身について認識させ、また意識させること、事物の内的関係と人間相互の関係……そして神との関係について知り学ばせること」と考えるのである。生徒たちがただ多数で個々の事物を認識することは、生活を通じてもまた知ることはないであろうし、フレーベルにとって教授の目的ではない。むしろ、彼は教授の重要な課題は「すべての事物の統一と安らぎであり、将来この見解に従って生活のなかで振る舞い、また活動することができるようにするために、神の内にあらゆる事物が存在し、生きているという認識に至らせることである。」と、明確に強調している。したがって、それは高尚な課題であり、フレーベルが生活のための固有の準備ではなく、むしろ生活の補完と深化の役割をここで学校に割り当てているのである。人間は、学校の授業によって、すべての被造物、神に由来する存在との生命の合一について明確に自覚しなくてはならない。

少なくとも人間は、外の生命の分析や個別化によって、この認識に至るであろう。それゆえ、同時にここで学校が完全になるよう介入しなければならないし、その目的は新しい分析と個別化のなかで知るのがよいのではなく、むしろその統一された精神がすべての個と多様性のなかに息づいている精神の配慮と直観や認識によって新しい個の統一と分割を知ることなのである。すなわち、このことが学校がまず学校を作るということなのである。

（八）労作の原理

人間は——確かに子どもとして——どの発達段階においてもすべて、その発達段階がまさに必要とするものを全うするように等しく努力しなければならない。「その際に、どの発達段階も健康な芽から新たな成長が現れるようになる」。その時、人間はすべての発達段階において、総じてその能力となる最高の発達を成し遂げようとするのである。したがって、空虚な早熟は全く不完全なのである。

正しい活動性、外的な対象物や事物を適切に生成することが、この人間の力の健全で、また自然的な発展のための最善の方法なのである。

この世界には、永遠の法則が作用している。すなわち、世界における精神的なものと神的なものは、絶え間なく創造し、また作用するのである。それ以外にはありえない。精神的なものの本質は、素材の絶え間ない形式のなかに存在する。この絶え間なく途切れない素材の形態を通じて、精神的なものがますます展開するのである。多面的なより高度な発展は、素材的なものの形態を生みだすことによってのみ可能なのである。

人間は何かこの永遠なもの・精神的なものから、「神からの閃光」をみずからの内に担うので、それゆえまた「人間は神と同じように創造し、活動する」のを欲するのである。また、人間の精神は姿かたちのないものに浮遊しようとし、そして姿かたちのないものを動かして姿かたちを明らかにしようとする。このことが、労作と勤勉性の高度の意味なのである。すべての人間の文化は、この人類の根源的衝動から外に出て生じたものなのである。

自分の活動と行為においてかすかな予感のみをみずからの内に感じる人間は、この方法に基づいて、まず自分の魂のなかの何か精神的なものとして生きたものだけを、当面は素材的なもののなかに明らかにし、したがって人間はそれによって何か作られた「内面的なものを外的に」、「目に見えないものや目に見えるもの」等々の「永遠なものに……有限でうつろいやすい現存在」を与え、何か創造的な力や創造者について喜びを感じるのである。人間はそれによって「神に倣て」という確かな感覚を得るし、それによってますます神の真の認識へと、神の本質の理解へと昇華するのである。「そのように、神は内的に、また外的に」人間に「しだいに近づくのである」。

——それとは逆に——堕落している考えと同様に、世界に広く流布している考えは、あるいはより正確には「思い込みであるが、それは人間が身体とその覆いを保持すること、パンや家や衣服をみずから得るためだけに働き、活動し、創り出すという考えや、もしくは思い込みなのである」。——「否——人間は元来、また本質的に、自分の内に在る精神的なものや神的なものが外的な形をとったものなのであり、人間はそのような特有の、精神的かつ神的な存在であり、――そして神の本質を認識する」のである。人間が自分の仕事によってパンや家、また衣服を得るということは、「重要ではない添え物なのである」。

それゆえ、聖書の「まず神の国に向けて努力しなさい」という主張を、フレーベルは次のように解釈する。「まず神の国に向けて努力しなさい。すなわち、あなたたちの生命を通じて神的なものをあなたたちの生命のなかに表するように努力しなさい。そうすれば、限りある生命が他にまだ必要とするすべてのものはそれによってあなたたち自身に与えられる……それゆえ、人間の見解では働かない野のユリたちが、すべての栄華の内にあるソロモンよりも、より見事に神によって彩られているのである。なぜユリたちは葉も花もまとわず、またあらゆるその登場に神を告げず、そして神の本質を表現しないのであろうか。――空の鳥たちは人間の見解では種を十分に蒔かず……鳥たちは実際それぞれの表現を通じて、歌う時、巣を作る時、何百何千の様々なすべての行動を通じて、精神を、神が鳥たちに与えた生命を表現しないのであろうか。そのために、神は鳥たちを養い支えているのである。だから、人間は野のユリたちから、空の鳥たちから学ばなければならない。すなわち、常に神によって人間に与えられた本質は常に外見的な行動や活動では非常に小さく、その瞬間には目に見えないものであるか、あるいは非常に大きくて重要なものであったとしても、形態や素材について、場所、時代、立場や職業が要求するような方法で行うように知らせようとしていることを、学ばなければならない。そして、さらに人間は自分の生活費を確かにするべきなのである。神は人間に数多くの道を示すであろうし、人間は自分の内と外で精神力を用いることによって、そのつど手段・方法を見つけるであろうし、この世で人間の必要なものを満足させることができるのであって、それ以上に必要とはしないであろう。——そして、外部のすべてが消滅したとしても、不足をなくす収穫によって、発展的な神の力がそのなかで消えずに留まるだけでなく、高まるのである」。

それゆえ、人間は幼少から活動に慣らされなければならない。元来、子どもの本性は本当にそれを要求するのである。ただこの本性の行動は、残念ながら分別のない教育者によってしばしば妨げられるのである。

「赤ん坊の感覚と手足の活動は、最初の芽であり、すなわち最初の身体的活動であり、蕾であり……遊び、組み立て、造形であって、最初の脆弱な若い花である」。

「また、それは人間が将来の勤勉、精励、仕事のために配慮されなければならない時期なのである。どの立場、どの場所であろうとも、子どもでなくてもまた後の少年や若者が、毎日少なくとも一、二時間を一定の創作や外的な作品の活動に捧げなくてはならないのである。

子どもたち、そして人間は、現在では奇形なものや形のないものに余りに多く、また様々に学ぶことを駆り立てられているが、労作は少なすぎる。労作において労作を通しての学習や労作による学習は、また生活を通じて生活からの学習は、何にもまして力強く訴えかける分かりやすいものであり、それは……生き生きと発展し続けるものなのである……。

今日の家庭は、学校教育のように子どもたちを身体の不活発や作業の怠惰へと導いている。その際に、言葉では言い表せない人間の力は、発達しないままに留まってしまい、失われてゆくのである。真の労作の時間が導入されるならば……最高に有益であろうし、またそこまでの状態にしなくてはならないのである。なぜなら、人間は従来の価値のないものを通じて、また外的理由のみに従って自分の人間の力を決めて使ってきたので、そのために内的な基準と外的な基準を、またそのような認識や評価と尊厳や真の配慮の基準を自己自身で失ったのである。

早期の宗教陶冶が極めて重要であるのと同様に、真の仕事と勤労のための早期の陶冶も非常に重要である。内的意味にふさわしく導かれた早期の労作は、信仰を強固にし、また高めるのである。仕事と労働を伴わない信仰は、信仰のない労働と仕事が人間を荷を運ぶ動物や機械とするのと同じように、空虚な夢想、意味のない熱狂、内容のない幻想に流れる危険があるのである。

労働と信仰は、神が永遠性から永遠を創造したのと同時のことである。このことが認識されるならば、人間はこのことの真理について受け入れられるであろうし、人間は生活のなかで真理にふさわしく行動し、働くであろう。人類は、やがてどのような段階までにも上っていくであろう」。

(九)「理念」とその継承者

哲学者クラウゼのように、フレーベルもまた人類が直接に新しい発展の段階の前に立っており、また今やもう「成熟の年齢が現れるとされる人類の第三の主要な年齢の始まり」であることを確信した。人類は今やこの新しい段階に上り、新たに始まる発展の時代のために教育を通じて人類を成長させることが、まさにフレーベルの強い望みであった。

それゆえ、彼が定めた高遠な目標と課題は、非常に力強く偉大なものであり、彼のほかの人には芸術家でも哲学者でも宗教の創始者や宗教改革者さえも、それをさらに大きく上廻れないであろう。また、フレーベルは彼の行為と望みのすべての偉大さを十分に自覚しており、したがって彼の本質において預言者のようであり、それゆえに彼の個性の直観力があった。彼は、昔の偉大な宗教の創始者や宗教改革者に似ていると自負していた。そのため、彼は自分の道を動ぜずに意気揚々と歩んだのであった。

彼が考えている最も小さく最も簡素なものから、最も大きく最も多様なものに至るまでの彼のすべての努力は、最も純粋な宗教によって貫かれている。なぜなら、真の神との合一におけるその目標のように、宗教がすべてその出発点であるからである。フレーベルは、「私は私を何もかもとても確信しているので、それゆえ私はとても静かに、確かにまたしっかりと歩むことができる」と、後に記している。——彼が主張し、考えたこの理念は、本質的には彼の理念ではなく、つまり彼が新しく考案した理念ではなくて、むしろいろいろな人によって表明され、彼がただ耳にし、聞こうとした思想なのである。それゆえ、フレーベルの堅い信念に基づくすべての教育の努力では、個人的な理念やフレーベルの思想の実現が本質的な問題なのではなく、むしろ世界理念や世界思想の実現が唯一絶対の問題なのである。ディースターヴェークは、かつて非常に的確に「フレーベルが理念を有したのではなく、むしろ——理念が彼を有したのである。」と述べた。

人類とその時代に価値があることは、フレーベルにとってはただ人類とその時代に奉仕することを意味した。しかし、このフレーベルの見解に基づいた理念と思想にのみ唯一奉仕できることは、彼の時代ではまさに神の思想として自由にすることであり、また形成しようとすることである。最も高貴なもの、最善のものや最も偉大なものは、それ以上は行うことができないのである。

もう一度『人間の教育』の全体を総括するならば、フレーベルの教育学のなかには何か荘厳なものがある、と言わなければならない。彼は、その他の多くのように、つまり確かに何百という方策を思春期の人間が時にはそれに基づいて、時にはあらゆる面へと教育されるべきであると求めるのではなく、――むしろ彼は人間の内的な核を発見することを求め、そしてそこに着手しているのである。ただそれらがそのように行われるならば、彼にとって教育は自然に即したものとなるのである。機械的な職業訓練や知識の詰め込みによるだけの表面的なもののすべては、彼にとっては価値がないのである。彼は、外から教育目標を無理やり押し付けるすべてのものを拒否するのである。それゆえ、フレーベルの全世界観における教育の目標は、実際的な生活のための能力や知る価値のあるものの充足にあるのではなく、むしろ唯一の、ただひとつの真の人間性の育成にあり、また人間の本性に生来備わっているものの発展に、したがって人間の内なる神的なもの、人間のなかの精神的なものの発展にあるのである。

一二．スイスでの活動

フレーベルのカイルハウの学園の存続が非常に疑わしくなった一八二〇年代の終わりに、彼の視線はフランクフルト・アン・マインに向けられた。そこには、彼の期待していた友人が住んでいた。そこで、一八三一年五月フレーベルは一人でそこフランクフルト・アン・マインへ旅をした。彼の期待は裏切られなかった。彼はフランクフルトの友人を通じて、作家と作曲家として有名で、直ぐにフレーベルの理念に暖かい関心を表明したクサーヴァー・シュニーダー・フォン・ヴァルテンゼーと知り合いになった。シュニーダー・フォン・ヴァルテンゼーは前々から教育問題についての理解を持っており、彼自身がペスタロッチのもとで教師であったし、ジャン・ポールもかつては彼の個人的な友人に属していた。このシュニーダー・フォン・ヴァルテンゼーは、フレーベルによって主張されている理念の優れた意味を認識しており、その実現のためにルツェルン州の彼のヴァルテンゼー城を私欲なしに、フレーベルに自由に使わせたのである。

一八三一年七月二〇日、フレーベルは新しい支援者たちとともにヴァルテンゼー城に着き、計画した学園のための準備に着手した。学園の許可を要請されていた州政府は、八月一二日にはすでに同意の回答をしてきて、そして「この素晴らしく、また好ましい企画の成功のために必要とすること」をすべて行う約束をしたのである。

しかし、一八三一年一〇月一日の『アペンツェル新聞』における「ヴァルテンゼーの学園とその設立者についての幾つかの談話」の見出しのように、直ぐに計画された学園に対する非難が始まった。フレーベルの性格、その財政上の状況、彼の教育的な試みについての汚い中傷がそこに述べられていた。フレーベルは幾つかのスイスの新聞において「訴え、要請と説明」によって応答した。新聞論争はしばらくのあいだまだ長引いたし、また新しい学園に子どもたちを任せようとする多数の親たちが妨害されるかもしれなかった。一一月末に、授業がついに始まった。生徒数は少なかった。ヴァルテンゼー近隣から少数の生徒が集まったが、それに比べてより遠方からは来なかった。したがって、そのようにヴァルテンゼーの学校はフレーベルが意図したような大きな寄宿舎を持つ学園にはならなかった。

新しい学園は、絶えずカイルハウと連絡していた。活発な手紙のやり取りのなかで、支援者たちはその考えや計画を相互に交換した。また、ヴァルテンゼーは資金的にもカイルハウによって援助されていた。一八三二年の晩夏、バーロップさえも「女子学園」をより詳しく知るために、スイスに向けて出発した。バーロップは、彼自身が述べているように、鞄のなかに一〇ターレルを入れて旅に出た。古い夏服を身にまとい、そして包みに「擦り切れた燕尾服」を入れ、カイルハウからヴァルテンゼーに向けて「徒歩で」出発した。

彼は、炯眼によってヴァルテンゼーがフレーベルの試みのためにふさわしい地ではないこと、それゆえ学園の移転が必要であることを直ぐに認識した。

支援者たちには、幸いで好都合であった。すなわち、フレーベルは直ぐに次のように詳しく報告できたからである。つまり、「予期しないある日の午後三時、私のほとんど知らない町のこれまで全く知らない人たちが、私の学園に関係する家族の父親たちの協会の使いとして、私の部屋に入って来た。州評議員のヘヒト氏、ユスト・バルト医学博士、そしてヴェシュスラー州議会議員であり、全員がヴィリザウからであった。彼らは私の学園をヴァルテンゼーからヴィリザウに移すように、私に提案した。それというのは、私が同意するならば、その地の公的な城を政府から買い取り、私の目的のために委ねるということを彼らが決心してよいということであった。この提案の結果として、一一月一三日までに家族協会と私とのあいだで正式な合意が締結された。……それがすべてであった」。

一八三二年一一月、フレーベルは訪問のためにドイツに戻った。フェルディナント・フレーベルとバーロップがその間ヴァルテンゼーの学校をさらに続けて指導した。フレーベルは、春までカイルハウに留まり、それから夫人を伴って旅をし、彼は今回のスイスには夫人を同伴し、ヴィリザウに戻ったのであった。一八三三年五月一日、彼らはそこヴィリザウに到着した。それよりも前に、すでにフェルディナント・フレーベルとバーロップはヴァルテンゼーからヴィリザウに引っ越してきており、またさらに数人の教師たち、ランググーツとグニューゲがカイルハウから到着した。そして、後に大変誠実な支援者となるアドルフ・フランケンベルクもまたヴィリザウの教師の輪に加わったのである。彼は、生家でクラウゼの理念のもとに大きく育ち、フレーベルの教育の試みについて深い理解力を持っていた。フランケンベルクは、一八三二年にゲッチンゲン大学での神学研究をようやく終えたのであった。

ウィリザウの学園は、三六名の生徒たちをもって開始された。学園は次の三つの段階を包括していた。

①一〇歳まで：簡単な市民的生業のための専門教育。

②一二歳まで：より高度な実業生活に向けての専門教育。

③大学入学資格まで：より高度な学芸と本来的な学問のための専門教育

第二段階では、特に現に使われている言語（ドイツ語、フランス語、英語とイタリア語）が促進され、第三段階ではそれに対して古典語（ギリシャ語とラテン語）が促進された。

ヴィリザウは、その人口が多いため、そうした学校のためにはヴァルテンゼーよりもふさわしいことが判明したが、しかし宗教上の関係では新しい学校の設立には好都合な土地ではなかった。カトリックの聖職者にかきたてられた学校に対する強い反対が直ぐに始まった。カトリックの人々が宗教上の危険を察知し、学園に反対する多くの請願書を当局に届けたのである。ある請願には、「カトリックの人々の苦痛が十分に記されていない」と言われていた。すなわち、カトリックの「人は、気掛かりな心配を知ったならば、時には物悲しげなため息をつき、時には声高な嘆きを表し、心配のもとで生きなければならない」と。そして、ヴィリザウのカトリックの聖職者は、いずれ恐ろしい責任に基づいて神の前での厳しい審判を果たすことを強いるであろうし、「持ち得るすべての手段を傾注して、至る所で問題であるか否かを問わず、危険な学園であると強く警告する」と、あからさまに明言したのである。

フレーベルはこの攻撃に対して政府の保護を求め、そして彼の教育学的理念の明確な観念を広げるために、ルツェルン州の州議会議員のもとへ彼の「人間の教育の根本的特質」を提出した。政府は公的な審査を通じて全住民の信頼を得るために、ヴィリザウの教育者たちに助言を与えた。支援者たちは助言に従って、一八三三年の秋に大規模な審査を実施した。それは、極めて多数の参観があったし、また大きな成果を持ったに等しかった。

この時期、バーロップはカイルハウに戻り、そしてミッデンドルフが彼の代わりにフレーベルを助けるためにヴィリザウにやってきた。カトリック住民のフレーベル学園に対する公然とした攻撃（新聞の論説、説教、請願等々）は止み、一一月二三日に州議会が明確な決議を表明したとき、フレーベル学園への続いた攻撃に対して「ヴィリザウの元老院の聖職者」は「憲法でもなければ何らの法令にも反しない」と、「威厳に満ちた不満」を表現したのである。――実際、そのためにまた密かに損害を与えることも終わったのであろうか。

政府の保護の結果として、学園は十分に持ちこたえることができた（一八三九年にフェルディナント・フレーベルのもとで最後を迎えるまで）。しかし、それは常にただ持ちこたえただけであり、広範な活動ではなく、隆盛も成長もなかった。厳格なカトリックの州は、プロテスタントの教育者たちにとって適切な場ではなかったのであった。

他の適切な場は、州の向こう側のプロテスタントの州のベルンにあった。そこでは、人々はフレーベルの教育学的な試みを非常に興味をもって注目し、彼の優れた力を州に利用しようと望んでいた。政府は、一八三四年の春から差し当たり国費によって四名の「教師で生徒」をヴィリザウのフレーベルのもとで専門教育を受けさせた。専門教育は一年間続き、一八三五年五月に試験をもって終了した。さらに、政府はフレーベルによる大規模な教師のための継続教育講座の指導を委ね、それが一八三四年の夏にブルクドルフで行われた。ついに、フレーベルはベルン州に完全に移ることに成功したのである。

フレーベルは、ヴィリザウの学園を友人のミッデンドルフに任せ、一八三五年の復活祭に現地の市参事会から委任されていた孤児院の運営を引き受けるためにブルクドルフへと向かった。もっとも、委任は差し当たりただ一年の試験的なものであった。孤児院はすでに一七六六年に設立されたが、その後ペスタロッチによって一七九八年に再生され、また閉鎖されていた。学園に極めて誇りを持っていたブルクドルフの人々は、一八三四年に当時の建物の代わりに新しい立派な建物を設立し、一八三五年の復活祭に落成式が行われた。

フレーベルは、五月の終わりにブルクドルフに移住したが、しかし彼は直ぐに孤児院に転居したのではなく、むしろ再度ベルンの教育省から委託された教師継続教育講座を行っていたブルクドルフ城にまずは住んだのである。

一八三〇年より以前は、ベルン州では教師の専門教育がそれほどよく行われていなかった。古い貴族政体の崩壊によりそれがやっと変わったのであった。新しい政府は、一般的な教育制度の促進が教師教育の根本的な改善によってのみ可能であり得るであろうことを認識した。特に、この新しい政府の一員の――ペスタロッチの教え子の一人――J・シュナイダー・フォン・ラングナウが、活力と熱意をもってこの考えを支持した。師範学校の設立が急遽着手され、しかもミュンヘンブーフゼーにおいて着手された。同時に、短期間の継続教育講座が新設された。最初の講座は、一八三二年にホーフヴィールにおいてフェルンベルクとラングハウスのもとで開催され、二度目が一八三四年ブルクドルフにおいてフレーベルのもとで開催され、三度目が同様に一八三五年に開催された。後の二つの講座は、六〇人づつの教師が参加し、その教師の三分の二は、すでに職にあった。どの講座も三カ月にわたって続けられた。一八三五年の六月一五日に始められた講座は、次のような教師陣が働いていた。フリードリヒ・フレーベル（数学と図画）、ハインリヒ・ランゲタール（文法と地理学）、詩人名「イェレミーアス・ゴットヘルフ」の牧師ビツィウス・フォン・リュツェルフリューフ（歴史）、牧師のボール・フォン・ニーダーピップ（宗教）、医師J・シュネル・フォン・ブルクドルフ（自然史と自然学）、助手ミュラー・フォン・ブルクドルフ（唱歌）。

継続教育課程の終了後（一八三五年八月）、フレーベルはそれまでヴィリザウに滞在していた夫人を伴ってブルクドルフの孤児院に引っ越した。彼は、学園を引き継ぐのに条件を付けた。それは、家族的な性格を保ち、また学園のより広い拡充のために必要な経験の集積を可能とするために、最初の年は九歳から一二歳の二五名だけの子どもたち受け入れるということであった。フレーベルとランゲタールは子どもたちを教え、二人の夫人が学園の家事を取り仕切った。当時、フレーベルはもう彼の望みの目的が手に入り、その人生の残りを――彼は当時すでに五三歳であった――ブルクドルフの孤児院での平和な仕事のなかで過ごすであろうと、多くの人が信じていたであろう。しかし、それとは異なることが起きたのであった。

一三．「生命の革新」の理念

前年の外的な出来事はフレーベルを非常に煩わせ、彼は彼の偉大な生命の理念の内的な仕上げに費やすために僅かな時間しか見出せなかった。そして、まさにそのことほどずっと彼の気にかかっていたことはなかった。長年にわたって抑止を強いられた彼の思想は、今やついに雪崩のような軌道を切り開き、また彼から思想が勢いよく溢れ出るように、彼はそれを――差し当たり、彼の支援者たちのために――「新しい一八三六年が要求する生命の革新」と題した小さな論文に表現した。

彼はそのなかで、「あらゆるもののなかに、また他の生命や同様の固有のあらゆる生命現象を通じて、私の耳に声高にはっきりと響いてくるもの、それは新しい生命の春と人類の春の予告とお告げである」と書いている。「時間よ、汝は曇りのない芸術作品からの純粋な人間性のように、人間性からどの神性のなかでも花開き、匂いまた実を結び、際立って輝く」、時間よ、汝は「私と私の本質を完全に要求し、また魅惑する」

のである。

彼は、新しい生命を予感し希望する。「それは魂の完全な生命、人間の完全な生命である」。それは、「全き人間になること、全き人間であること、全き人間として生きること」を人間に可能にする生命なのである。しかし、フレーベルは、そもそもまだ私は全き人間ではないのかという問いを投げかけたのであろうか。そもそもあなたがそうであり、私がなるべき、そしてそうあるべき全き人間とは何なのであろうか。――そして、彼の答えた完全な人間の理想像は、次のようなものであった。「私は私のなかの全体の部分であり、生命全体の部分であって、私は人類の全体の部分なのである。そして、私は、そのような人間であり、また全き人間なのである。蕾がその本質とその発展の全体性の内で樹木についているように、私は人類の生命の樹木についている部分なのである。すなわち、私のなかの統一は個別ではなく、私のなかで生き、私の本質を形成している全体の生命のような全体であり、統一なのである。それゆえ、私の最も内なる存在としての全生命を私のなかから生み出すことが私の使命なのである。けれども、また私は全体の部分でもあり、それゆえに私は部分であって全体であり、同時に人類の全体の部分であって、また私の生命は一つの全き生命なのである。なぜなら、私は私のなかで人類のすべての完全な生命を、完全な人類の全体的生命の豊かさをそのように生きるからである」。

しかし、ところで人類よ、汝は何であるのか、私がその人類の部分の全体であるとは何であるのか、とフレーベルはさらに問う。――「私は、時間と有限なものにおける神の現象と啓示である」。あなたの芸術作品、たとえば最も出来栄えの良い汝の聖母マリア像が彼女自身を意識するかどうか、あなたは考えてみなさい。その聖母マリア像は彼女自身を十分に意識するであろうか。「聖母マリア像は、彼女自身や彼女の自我において、純粋な人間の本質以外に、人間の本質のなかの最も純粋な女性らしさ以外に、ある他のものを意識し、意識することができるであろうか。また、最も純粋な人間性以外の何か他のものなのであろうか」（＝最も純粋な人間存在）。汝が生命の形成で美と語るものは、まさにそれらの人間性（＝それらの人間存在）ではないのか。「したがって、人間よ、汝の形成する世界も、汝の創造も、それらはそれらの美のなかにある人間性以外の何か他のものなのであろうか」。芸術の世界と人間の形成する世界が、人間存在と「人間性」以外の他のものではないように、「そのような生命と本質のなかの人間世界は、人間性としてただ唯一の神の本質であり、神の生命であり、神性なのである」。人間的な芸術作品の美それ自体のように、もしもそれらがそれら自身を意識できるのならば、他ならぬ人間性を意識できるのならば、そのように人間自身が神の芸術作品であることを意識できるのであり、もし彼が彼を完全ですべて意識しようとするのであれば、「唯一神性として意識されるのである」。この高まった人間性のなかの神性の自覚を持つことは、人間の使命である。「この神性としての人間性、神の本質としての人間の本質の自覚を持つことの最初の現れ、そしてこの意識が世間に認められること、そしてすべての生活の関係のなかへのこの導入は、人類の全く新しい生命の段階であり、私の現存在の今の発達段階であり、生命の革新と生命の若返りであり、新しい生命の春であり、おおこの予感は人間を魂の歓喜で満たしている」。

フレーベルは、引き続き問う。すなわち、どの条件下でも、私は人類の全体部分として、魂のこもった人間の目標を「自覚をもって人類の内なる神性を自分の生き方によって明らかにすること」へと到達するのであろうかと。その答えは次の言葉となっている。すなわち、それは「家族のなかで、この家庭の全体生活や完全な生活のなかで、汝が人間として現れる」場所だけなのである。もしすべての全体の部分として、人類の部分としての自負を持ち、活動するならば、もちろん家族はこの使命を果たすことだけはできる。もし生き生きとした「人間性の内なる神性の感情」によって使命が行き渡るならば、目標は生まれるであろう。―現在の家族の生活は、この要求ですらまだ十分ではないとフレーベルは考える。それゆえ、深部にまで達する生命の若返りと生命の革新が緊急に必要なのである。この生命の革新は、フレーベルの堅い信念によってのみドイツを出発点とすることができるのである。ここには、フィヒテの影響が残っている。ドイツ人はそこから、無条件にその影響に導かれているにちがいない。それゆえ、「明確な認識と思慮分別に従って、力強く決断的な行為のなかの新しさ、長く約束された生命を自分自身から、また自分自身を通じて創造すること、作り出すこと、生み出すこと、すなわち自由で自発的に、自分自身から人間への関係、自然と神へのそうした関係のなかに歩み寄ることであり、そのどこでも唯一可能なことは、完璧さに対する純粋な人間性の生命を、そして人間性のなかの神性として、みずからの生活によって明らかにすること」以外に余地はないのである。

生命の革新を起こすには、行動を要求する。ところで、この行動がどのようなものであるかとフレーベルは問題にするが、それは今なお行うことが可能である。「戦うべき、消滅させるべき怪物がまだあるのか。――そうだ、横暴、一面性、細分化、個別化の怪物、すなわち特権の怪物、内的な精神と感情と生命の結合の消滅と破壊の怪物である。――発見すべき、また征服すべき国家がまだあるのか。――そうだ、生命豊かな神と自然と人間を信頼する国土、堅固で敬虔な神に帰依した自己の気分をもつ国土、静かな自己信頼の国土、内的や外的な生命解明の国土、思想と感情と生命の絶え間ない神との合一のある国土、そしてそのような真の人間的な共同生活のある国土、そうだ、民族の一員として、人類全体の一員としての親密な統一の共同作業がある……行うべき闘いと英雄的行為はまだあるのであろうか。――そうだ、克己の英雄的行為と永遠と自己探求、利己心と我欲の克服である。特殊を普遍のもとに自己従属させるという統一における個々の自己従属という英雄的行為――偏見と見慣れることに対する戦いと闘争である。――しかしまた、なお行うべき大きな生命活動がある。――すなわち、探究と説明に向けての大いなる行為とそのすべてである、否、さらに高尚な生命の法則を明確に意識したそこでの生活がある。この行為と事実は、大きな課題が生じる今の時代に、最も内なる芽のなかの生命の若返りと革新を要求する。すなわち、統一のなかの親密で唯一の全生命として、その本質における生命を表現することなのである」。

そのように、フレーベルは、ここに生命の革新と生命の若返りが存在しなければならないと、明確に証明したと信じたのである。

「したがって、これまで少しも存在しなかった全く新しい陶冶と発達の段階において、人間性を生き方によって明らかにすることが問題なのである。すなわち、全く存在しなかった新しい段階において新しい打ち解けた環境と生活環境を、全く新しい科学と芸術を、同様に全く新しい生き方が呼び起こされるとしか言い表せないような陶冶と発達段階における人間性を、生き方によって明らかにすることに他ならないのである。そして、そのあいだの至る所では分割や分裂された状態に代わって生命の法則が――恣意と偶然に代わって生命の法則に従った区分や統一が――呼び起こされるのである」。すべての個々の生命は「統一的生命の内に安らぐものとして」認識され、顧慮されなければならないのである。

これについての基本条件は、すなわち「人類の本質の要求と法則に従って、我々の民族と人類の全体の部分としての家族生活を生き方によって明らかにすること」である。

それはすべての問題の核心である。そこに改革が始まらなければならない。「我々は生命の革新と若返りを、そしてすべての人類の関係を念頭に置かなければならない」と、フレーベルは一八三六年の「新年の初頭時の」日記において記している。「とりわけ、我々は家族関係と家庭生活の革新と若返りを考えなければならない。我々は人類をより高い陶冶と生命の段階に高めようと欲するのであり、そのように我々はまだ完全でない……純粋な家族関係のなかにある……生命の内の本来的なものを現実存在の内に呼び寄せなければならない」。このことを行うことは、今やフレーベル自身が設けた大きな人生課題であった。

それゆえ、フレーベルは、彼の偉大な理念の完全な実施にみずからを捧げることができるために、ブルクドルフの孤児院の運営から手を引くことを決心した。彼の友人のランゲタールがブルクドルフにおいてフレーベルの後任となり、翌年に学園をさらに拡充した。一八三六年五月一四日、フレーベルはブルクドルフを離れた。彼の妻の健康状態がドイツへの帰還を不可欠としたのであった。フレーベルの姑が少し前に死んだので、財産相続問題を整理するために、彼は夫人を伴ってまずベルリンに向けて旅立ったのであった。彼らは、六月一三日にベルリンに着き、九月一三日までそこに滞在し、それからカイルハウに向かったのであった。

一四．自動教授施設

フレーベルは、彼の妻の提案に基づいて、ルードルシュタット近郊のブランケンブルクを彼の将来の活動の場にしようとした。そのために、すべてがカイルハウから整えられなければならなかった。それゆえ、フレーベルは一八三六年秋に毎週一度か二度、夫人や友人たちとカイルハウからブランケンブルクの近くに立ち寄った。住まいとして、フレーベル自身がシュヴァルツァの古い製粉所を借りた。当然、入居できるようになる前に、またそれからさらに製粉所を住み心地のよい静かな住まいとするために、様々に新しく整備することや修繕することがあった。一八三七年一月一六日、フレーベルは妻とともにようやく入居することができた。彼らは、雪と氷のところをカイルハウから橇でやってきたのであった。

今やフレーベルは、彼の偉大な理念を実現し、まずは「自己教授と自己教育とに導く直観教授のための施設」を設立するという仕事を熱心に開始した。

ところで、フレーベルがブランケンブルクに来た時に抱いており、また彼がそこで実現しようとした思想は、その個々においてはどのようなものであったのか。

それは次のようなものであった。「精神は、自己表現によって自己認識へと高まるためには、その素材を必要不可欠とする。精神は、表現そのものと表現によって、また表現を工夫することによって展開するために、素材を必要とする。……それゆえ、最初の教育は子どもとしての人間に形成するためにふさわしい素材を与えなければならない。まずは、そのために強くし、また強くなるために、次いでその形成力すなわち能力を作り出し、精神の影響によって素材を形成するために、精神の内にその居所を作らなくてはならない……最後に、自然と技術のより前の形態において、精神の本質をそのように精神に認識させなければならない」（一八三六年四月二七日のフレーベルの日記から）。

そのために、計画された施設の次の目的がなければならなかった。

①「より高尚な生活の真理の直観的な表現、②すべての事物の統一の直観的な表現……、③有限なものにおける永遠なものの、肉体的なものにおける精神的なものの、現世における神の国のものの直観的な表現、④全く特別な課題、すなわち生命の合一とそのような生命の法則や生命の法則全般に応じた直観的な表現」（一八三六年四月二八日のフレーベルの日記）。

創造された「自己陶冶に向けた教材」は、両親と子どもにふさわしい二重の要求に適合しなければならない。それゆえ、陶冶教材は次のようなものでなければならない。

①「その使用のなかで補い、またさらに展開されるものである」、すなわち②「生命とその部分と現象す

べてに対する工夫をこらした注視、特に工夫をこらした感覚的な自然の注視」、そして③「予感へと、それどころかすべての生命現象と自然現象の統一と同一法則の直観と理解へと導く」。

当時、彼は次のように記している。すなわち、「まさに神のように、例えばコケからオークまで、スミレからバラやユリまで、知られた多種多様な植物栽培において植物を考えることに、またまずは少なくとも多くのものにおいて、常に多種多様でばらばらに分けられた直観の対象から、そのように生命の合一と生命の構成の偉大な思想の教授や学習が説明されるべきである。……私がこれまで考え感じたことのすべて、またより高度な生命の法則の証明と直観のすべては、ここでは神がそのみずからの啓示で茂みや小さな花やコケや木々に記したような形や姿と構築されたものにおいてすべて記録されるべきなのである。……そのように、本質として長く現れる私の心や私の精神は、現実化され、許容されるのである」（一八三六年二月二九日にバーロップに宛てた書簡）。

フレーベルは以前から「若者がすべての年長者に関心を持ち、身につけた作業のための方法において」制限しなかったので、それゆえ彼の学園においては怠惰や気後れは未知のものであった。彼は、彼の生徒たちの精神を活動によって発展させるために、すべてではないものを、一八三六年以前の彼の実践のなかですでに考案していたのであった。我々は、折にふれそれを耳にする。例えば、「垂直や輪と、また斜線から形象を考案すること」によって、「小さい板」で、それ自体「一定の関係にある」「立方や角形の立体」によって、「えんどう豆と木の棒からの形」によって、同様に紙、のり、木工の作業によって、色の訓練によって、等々である。一八三六年二月に――我々が思いがけずバーロップからの書簡で知るように――すでにブルクドルフの彼の部屋のなかにそのような五立法フィートの生活箱が置かれており、またカイルハウにもこの種のさらに多くの材料がまだあったのである。フレーベルは、この陶冶教材のすべてをさらに仕上げ、より多くの利用者に自由に使用できるように作り上げることを、すでに再三にわたって要請されていた。彼は今までそのために何もしてこなかった。しかし、彼は人間の自動教授の必要をすべて明確に意識した後に（一八三六年三月一日のフランケンベルク宛ての書簡）、今やその仕事を始めようとした。それが、今や彼がブランケンブルクで行おうとした、大きな生涯の計画であった。

フレーベルは、まず彼が計画した「芸術的で文学的な」、また同時に「商業的な」企画にふさわしい名前を長い間探し求めていた。

一八三七年三月、彼は施設に「自動教授施設」の名前を与えるつもりであった。なぜなら、彼は「私は施設に短い名称を付けなくてはならなかったためであり、私にはすべてのドイツの評価が何時も一面的であり、さらに他の面で私にとって本質的なものを引き続き除外していると考えるからである。私には自動教授のみが、表現における同様に表現と能力の認識における自己活動を含めていて、生命力の自己成長と自己開花や、とりわけ自己成果を人間関係のなかで正しく表現している」と、考えたからである。

そして、フレーベルは自分の施設のさらに広い拡張のために必要な能力のある協力者を求めていた。一八三七年四月二三日、ランゲタールが送った若いスイス人のガイガーが最初の協力者に加わった。また、カイルハウの教師の息子フリードリヒ・ボックも、雇われた。

その年の五月一日、フレーベルは彼の施設を彼の住まいから、したがって製粉所から今日の駅通りで現在

「事務所用店舗」になっている管理人ケイの家に移した。

当時「事務所用店舗」のなかに置かれていたものについて、一八三七年五月二五日にランゲタールに宛てたフレーベルの回答の書簡で、それについて書いている。それらは、次のことである。「なるほど君はまた我々の仕事について手短に知りたがるであろう。
一、空間と形態学の基盤として、立方体の完成のなかで、私は対角線によって立方体の分析にまで進めた。
二、言語領域の直観において、あるいは言語対象の直観において、すべての対象の代わりとして立方体によって直観に結び付け、対象の諸関係にまで私は至り、また私は同様の自明な立方体の印刷を試みる付き合いのある印刷工とともにすでにここにおり、それで私は、ここの二において生徒みずからが作業において、言葉の関係についてと同様にまた上記の一のように、指導のもとで自分自身によって空間学的な関係をみずから教えるということを意図した。
三、ステッチ本のために、直線と曲線の図形の表紙とする図案がフリードリヒ・ボックによって完成された。
四、ガイガーは私からの条件に従って、言葉の意味をその部分から編集し、そして現在すべての言葉の部分の本質を構成することなどによって再発見しようと試みている。彼は、同様に彼が比較して考慮した結果の洞察を加えている」。
ここの一と二において名付けられた立方体は、歴史的に最高に興味深い試みを表現している。ここではペスタロッチの考えの影響に関わる問題がある。――ペスタロッチは、彼の『母の書あるいは母が彼女の子どもたちに認識し、話すことを教えるための手引き書』（一八〇三年）において、子どもの身体の部分の使用などのもとで、母親がいかに子どもとともに観察と話す練習を行うことができるかを示している。しかし、このペスタロッチの考えは、幼い子どもの興味に子どもの環境の事物をその身体のように直ぐ近くの身近に置くという理由によって、一般的にほとんど拒絶された。――しかし、それと同時にさらにこの練習の教育学的な価値自体に反対しては言われなかった。いずれにせよ、フレーベルは一八三七年にこのペスタロッチの理念をふたたび取り上げた。実際、その練習は今や周囲の事物の代表としての立方体を総じて受け継ぐものであった。

確かに、我々はこれに関するフレーベルの意図を多く知ることはできない。しかし、それでも当時のフレーベルの計画についてのこの考えはまさに極めて特徴的なものであり、それに基づいてより近い何かに理解を示さなければならない。フレーベルの書簡には一八三七年から、「数学的な立方体」と「言語の立方体」についての暗示が時折り見られるのである。

彼の遺品のなかに、さらに取り外し可能な蓋のついた六つの立方体の形をしたそれぞれ一〇センチ幅の木箱(註2)がある。どの箱にもそれぞれ高さ、深さ、幅が四・二センチメートルの八つの立方体が入っている。その立方体は木で作られており、すべての面に白い紙が正確に貼られている。この小さな立方体のすべての六つの面には文言が印刷されている。いくつかの木箱の前面には、当該の箱の中身を示す題紙が付けられている。この六つの木箱は、一つの大きな全体の部分である断片なのである。フレーベルは、当時「自己教授と教授の教材」の系列を計画していたように思われる。そしてそれは、――正確に言えばペスタロッチの『母の書』に極めて依拠するという――まさに興味深いところである。『母の書』は子どもたちが「観察する」

ことと「話す」ことを学ぶための手引き書として意図されたように、手元にあるフレーベルの六つの箱は二つのグループに分けることができるし、つまり貼り付けられた題紙からはっきりと読み取れるように、それぞれは「空間」の要素と「言語」の主要な構成要素を展開するものなのである。ペスタロッチが子どもの身体に結びつけようと望んだ個々の練習を現存するフレーベルの立方体の課題と比較したならば、ペスタロッチの『母の書』といわゆるフレーベルの立方体とのあいだの類似性は実際さらに大きくなる。『母の書』の第一の練習は、身体の外的な部位を示して名を言うことにある。また、「空間」のために定められたフレーベルの立方体の「第一恩物」は、名称を持っている。すなわち、「その部位の命名」は驚くべき一致である。――『母の書』の第二、第三、第四の練習には、人間の身体の部位の関連と数や位置が題材とされている。そして、フレーベルの空間の立方体の「第二恩物」では、「立方体の部分の数や形と位置と構成要素」が題材とされている。この「恩物」の第三と第四の立方体は、外見上もう存在しない。この系列の「第五恩物」は、名称に繋がっている。すなわち、「立方体の部分はその大きさによって比較される」のである。したがって、この系列をより広く拡充すればするほど、フレーベルはペスタロッチの『母の書』から遠ざかったのである。この系列の三つの箱は、共通の名称を持っている。すなわち、「それは立方体自体について教える立方体」なのである。それゆえ、『母の書』の最初の四つの練習は、フレーベルの空間学の自己教育の立方体にとって、手本と出発点であったということが疑いなく明らかなのである。

『母の書』の第五から第七の練習は、人間の身体の部位と構成要素の性質と活動を扱っている。この練習の際に、個々の身体の部位の数、形そして位置の正確な把握は、むしろ様々な性質と活動の正確な区別や名称よりも問題とされない。したがって、言語的な要素が数学的な要素に代っている。それについて、『母の書』のこの第二の練習グループは、またそれゆえフレーベルの自己教育の箱の「第二列」にとって、すべて「言語学」の名称を有する基礎を形成するように見える。貼り付けられた題紙によれば、言語の立方体の「第一の知らせ」は「その現象と影響のある特質」を、そして「第二の知らせ」は「そこに宿る特質とその本質」を扱っている。言語の立方体には、第三と第四の知らせが欠けている。これに反して「第五の知らせ」は現存しており、「物体への関係、様々な現象との結び付きのなかに影響している特質、時間の関係」の表示を掲げている。したがって、この点でもフレーベルは、この系列のより広い拡充によって、必然的にますます『母の書』から遠ざかった。言語の立方体の箱は、共通の「話す、言語の立方体」との見出しを掲げている。

空間と言語の立方体は、はじめ八歳からの子どものために定められた。したがって、学校教育のためであり、幼児教育のためではない。

それに加えて、フレーベルはその時「数学的な作業」ならびに「新聞」の編集を計画していた。それは、彼が「自動教授者」と名付けようとしていたものであった。フレーベルが興味深い交友により、他の道筋を指示されなかったならば、彼はおそらく束縛されることなく、引き続き無秩序に制作したであろう。

一五.「幼児期と青少年期のための作業衝動の育成施設」

一八三七年六月一七日、カイルハウでの堅信の機会に、フレーベルはヒルトブルクハウゼン出身のシェラーという名で知られる市民を教えた。彼は、『普遍主義』の編集者で、後にヒルトブルクハウゼンからライプツィヒへ移ったが、今日でもそこに存在している「書誌学研究所」を創設したヨセフ・マイヤーをフレーベルに紹介しようと申し出た。

フレーベルは、そのため七月のはじめに、彼の教具を選びそろえてヒルトブルクハウゼンに旅立った。マイヤーは、フレーベルと彼の理念を有利にするためにそれらを公表した。それは成功した。マイヤーは、それどころか必要とされた可能な限りの企画によって、彼に商いの助言を約束したのであった。フレーベルは、幸運な結果に終わって帰郷の旅に就いた。マイヤーは、フレーベルに書簡等でとりわけ次の提案をすることで、一八三七年七月二七日に彼の約束をすでに果たしたのである。すなわち、「まずあなたの体系を、幼児期と青少年期のための遊戯と作業という表題のもとで、第一シリーズ、第一段階などと図と文の説明をつけて発売して下さい」と。――フレーベルはこの助言に従い、彼の遊具を文字通りこの表題で発売した。彼は彼の「恩物」の備品そのものを「書誌学研究所」で、特に『普遍主義』の第四巻と第五巻（一八三七年と一八三八年）に公表し、強い影響を与えた。この『普遍主義』の装丁の表題紙は、フレーベルの「恩物」と比較してすべての装丁において大変類似性のあるものとなった。

人間性の完全なより高度の陶冶に関するまだ明らかにされていないフレーベルの理念のすべてが、彼がこれまで自動教授施設を通じて実現しようとしたすべてであったが、彼は今や新しく緊密に結びついた目的、すなわち子どもをまさにその誕生から適切に従事させるという目的に没頭したのである。彼は、今やとうとう彼の新しい企画のために適切な名称、「幼児期と青少年期のための作業衝動の育成施設」という呼称を見出したのである。彼は、今や正しい道にいたと明確に感じたのであった。幼児の育成についての熱意は、彼より優れて先んじるものは少しもなかった。当時、幼児の育成に集中したフレーベルの全く豊かな精神がまず彼に生まれていて、不断で不撓不屈の、また熱烈な子どもたちの支援者としてこれまで生きてきた彼を語るならば、それが今日の人が考える通常のフレーベルなのである。

一八三七年一一月一五日、フレーベルはルードルシュタットの侯爵政庁に、施設の許可と政庁の保護を要請した。一八三八年四月二〇日の文書で、彼に許可が与えられた。一八三八年の春とともに、フレーベルは今や広範囲に及ぶ事業の活動に入った。そうこうするうちに、最初の遊具のための原型と図面が完成され、したがって大がかりな製造が始まったのであった。ブランケンブルクの婦人たちの数名がボールを編み、金属細工職人とろくろ細工師がフレーベルからより大きな使命を与えられ、また特に家具職人のハインリヒ・レーンは、多くのなすべき仕事を与えられ、ほとんどフレーベルのためだけに働いたのであった。この親方の「仕事のメモ帳」は、その家族のもとに今日まで保管され、フレーベルの当時の活動の深い洞察が見出される。レーンがフレーベルのために作り上げた立方体と三角形の数と「小さな板」や箱の数は、数千にも達する。また、フレーベルは、石版印刷と製本の機器も「事業所」のために調達した。そのために、仕事で役に立つ新しい人材が入った。すなわち、初期の生徒で、ロマン主義の傾向の独創的な画家で、後にカイルハウ出身の図画の教師となったフリードリヒ・ウンガーが加わったのであった。

職人たちによって生産された器材は、「事業所」でセットに整えられ、箱のなかに包装され、発送された。「事業所」の使用人はたびたび増えていった。それどころか、一八四四年には遊戯教材の残品が累積し、それに応じて収入が余りに少なくなったため、「管理者」はシュヴァルツコプフの事業を維持することができなくなった。一八五〇年一二月三〇日まで、事務所はケイの家にあったが、そのあと残品は「貯蔵所」や「倉庫」としてのシュトラウベル未亡人の空き部屋に移された。フレーベルの事業ですでに何年も一緒に働いてきた彼女の息子は、空き部屋に積まれた遊戯と作業の教材をフレーベルの死まで管理したのである。彼らは、最後に「子どもの作業施設の出版書店」と命名したのであった。

一六．遊具と作業教材

「精神と生命のあらゆる現出、またそれらのすべての育成は、一定の明確な、その内なる発達の段階に含まれ、それらに従った配慮と忠実な専門教育とに結び付けられる」。このフレーベルの信念は、彼の遊戯と作業の教材の拡充の基準となった。一八三八年から徐々に、次の「恩物」が生まれた。

一．第一恩物は、最も単純な物体の形態としてのボールである。ボールは、ちょうど子どもの手でそれを握ることができるような大きさである。豊かな活動が全く簡単で子どもらしい方法においてボールに結びつけられる。例えば、ボールは正確に観察され、何度も韻を踏んだ明確な言葉によって識別が指示される。すなわち、それは子どもの理解力に全く適したものとして、また対象物について子どもの理解力によってまさに確かに語られるのである。その際、ボールは持ち上げられ、下げられ、振り廻され、あるいは隠されるのである。このようにして、ボールは片方の手からもう片方の手へ、またある子どもから他の子どもへと動くのである。ボールは紐で結ばれて引っ張られ、振られ、ぐるぐる振り廻され、そして回転させられるので、ボールの用法の多様性がさらに意味あるものに発展する。その上、ボールに小さい棒と横板の木片が加えられることで、ブランコが作られる。フレーベルが小冊子として添えた説明書や同じように添付された印刷図が示すように、子どものための様々な話題を展開しなかったならば、この遊戯の恩物はそれ自体として新しくもなく、意味のあるものでもなかったであろう。「虹の色のような六つのボール」と並んで、「ボールの遊戯のための百の小さな歌」が後に続くのである。

二．第二恩物は、ボールの大きさの木球と木の立方体であり、球を軸に箱形に大きくしたような円筒である。ボールにおける色のように、木球には一定の形が登場する。その取扱いには、より力強さと確実さや慎重さを必要とする。また、上達は、この遊具の音を立て、喧しくすることにもある。ボールにあらかじめ結びつけられた多くのものが、木球でも繰り返され、さらに押され、廻され、転がされ、お皿の上で追い廻されるのである。特に、ぐるぐる振り廻された立方体が円柱と二つの円錐やリールを出現させることは面白く、考えさせる気を起こさせるのである。――現在では第二恩物に属する円柱(註3)は、当初はなく、一八四三年にはじめて――「第二恩物」の新版の加工の際に――フレーベルによって付け加えられ、また小冊子もこの第二恩物に付けられたのである。

三．第三恩物は、あらゆる面に対応してあらかじめ分割されている立方体である。それゆえ、第三恩物は八つの立方体のパーツから成る。よく知られているように、子どもたちには内部を観察するためにすべてを分解しようとする衝動が内在するので、そこでこの衝動を子どもたちに満足させることによって、ある主題が達成されるのである。しかし、子どもたちはほとんど立方体を解体せず、また彼らが様々な方法でパーツを全体へと組み立てるように、そうすることによって子どもたちの破壊衝動はその際に形成衝動に変わるのである。子ども自身がそのような忍耐、粘り強さ、正確さ、秩序、そして慎重さになじむことで、また同時に彼らの想像力をより広い遊戯の余地になじませることによって、非常に形成的な組み立て遊びが生まれるのである。——小冊子と並んで一一の石版印刷の図表がこの恩物に付いている。

四．第四恩物は、八つの平らな面の積み木に分割された立方体から成る。これによって無数の新しい関心を起こさせる構成能力が生まれる。また、それに付けられた一一の石版印刷の図表は、積み木の用法に多くの示唆を与えている。さらに、第三恩物と第四恩物には百の「意味を持つ韻を踏んだ歌が同様の多様な生活様式のために」付けられている。

五．第五恩物は、それぞれの方向に二回分割し、さらにまたそれらの対角線で分割されていて、したがって二七の部分の立方体から成る。この恩物の用法は非常に重要であって、認識の形式や美と生活の形式のための見本がつけられた四八の石版印刷の図表が添えられている。

六．第三恩物から第四の遊戯恩物へのように、同じ移行が第五恩物から第六恩物にもまた行われる。それゆえ、この恩物は、さらに二重の仕方で分割された二七の積み木から成る。それに付属する四〇の石版印刷の提示図は、第六恩物の教材そのもののから作られる形がいかに多種多様であるかを示している。

施設のなかでは、それに加えて次のものが作業教材として作られていた。

①第二の遊戯恩物の拡大として、切り取られた部分の付加によって数多くの新しい形が作られ得るであろ

う大変多様な結晶のような形の入った箱(註4)。②四個から五六個の小さな板が入った箱。③小さな棒まで滑らかにされた様々な長さの棒が入った箱。④エンドウマメの作業のための木の棒。後には、より広範な作業の教材が加えられた(註5)。すなわち、⑤編むこと。⑥折りたたむこと。⑦切り抜くこと。⑧紐と結ぶということ。

このように、まことに豊富な作業教材なのである。

フレーベルが恩物に添えた遊戯の小さな歌には、確かに数多くのたどたどしい韻が見出される。我々は、それを穏当と認めることができる。実際、二、三の批評家が行っているように、そうした理由ですべてを否定しようとすることは誤りである。フレーベルは自分が詩人ではなかったと知っており、また彼は自分の小さな歌が提案や例のみであることや、他に明らかによりよい詩句が作られるべきことをたびたび口にしていた。それにも拘わらず、彼の控えめな小さな歌のなかに、理解しにくいだけでなくたどたどしい、滑稽なだけでなく子どもにふさわしくない多数の韻が見出される。例えば、フレーベルは、積み木を開ける際に、その韻を子どもに言葉で歓迎させようとしたのである。

積み木、積み木が現れた、
小さな家からやって来た、
ほんとうに愛らしい、きれいなもの
一緒に積み木をつくろうよ。

あるいは、フレーベルは子どもたちがテーブルで様々な生活の形式を完成させたら、その時に彼らに喜んで歌わせるのである。

橋、地下室、ストーブ、切り株
小さな男の子がよく作った、
また小さな女の子
糸車をよく作った。
気に入ったなら、またそして、
動物たちとわたしたちの世界を飾ろうよ。
私は牛飼いが放牧するのを見た、
その群れを泉に導いた。

また、収納する際も、子どもは喜んで歌う――子どもに委ねるままなのである――

積み木はもう疲れた、
安らかにそっと眠らせよう。

目をとじて、
おやすみなさい。

かつて幼児たちと遊んだ者は、この方法が幼児たちに感情とイメージの表現を与え、また彼らがそのように「内面性を外に」演じることができるならば、幼児たちからのそのような贈り物を作為や心労として感じるのではなく、むしろ彼らが喜びを感じているということを知るであろう。それゆえ、フレーベルが子どもたちの遊戯に小さな歌を添えたとき、彼は正道にいたのである。

フレーベルは、彼の遊戯と作業教材とともに、彼が根本的に計画した「定刊誌」の「自動教授」の継続教育を、『日曜誌』と名付けた定期刊行物とともに同時に出版した。『日曜誌』については、一八三八年に三一号、一八四〇年には二一号出版された。フレーベルは、『日曜誌』第二版の第六号のなかで、長い中断をみずから次の説明によって明らかにしている。「中断の第一の原因は、雑誌のなかで編成された幼児たちの教育活動の方法を生活のなかに、それをまた家族そのもののなかに直接導入することが、そのような同一の事実において何度かの公開の試みが成果を上げること、そしてそれを通じて生活のなかでより広範囲の通用と根拠ある認知を得ることが、どうしても必要であったからである……しかし、最も長い中断は、死が人の生活にもたらされ得るという厳しい衝撃によって起こった。確かに、すでに長い間予測された心配が、実際そのために入念な世話によって心の奥底の核に長年忠実であった生命のつらい喪失が、少しも小さいものではないこと、そのことがこの雑誌の編集者を心情と精神においてひどくおとしめて歪めたが、高貴な人間愛と子どもたちへの愛に満たされた妻によって、今や大変な苦労と男らしい力によってまた立ち上がることができた」と。

『日曜誌』の使命は、各号にわたる輝かしい標語「さあ、我々の子どもらに生きよう」(註6)によってではなく、家族のなかにフレーベルの遊戯教材を好意的に取り入れ、また注意深く試す方法を提供することでなくてはならなかった。新聞は「我々の子どもたちにおいて、また我々の子どもたちによってただ一つのこと、したがって我々が、我々の子どもたちに本当に生きることによってのみ様々に外的なことを知せることができるように、すべての我々の願いと努力が本当に果たされる」ことを、読者に納得させなければならなかった。このことは、共同によってのみ達成され得るので、「そのように新聞は、お互いに手を差し伸べるための方法と機会を提供すべきなのである」。新聞は、また同時に、「発達過程において、完全な生命のように固有の善く美しい姿として、そのような真実に向けて、本性と生命の静かで意味深い思慮に」導くべきなのである。ところで、「ある人は、定められた、特に外の職業に身を委ねており、日曜のみが集中して意味深い内省のなかに開放されるために、日曜誌と名付けられているのである」。

その内容は、当然次のような「知らせ」になるべきなのである。

①本質や発達過程に関する、また人間の発達法則と陶冶法則に関する、とりわけその活動衝動の発達と育成に関する知らせ。

②本質的に必要な基礎付け、また人間の現象に不可欠な基礎付けに従うのと同様に、その用法やそれ自体の内的な関係にも従うこの育成に関係する教育的作業と教材を志す確実な知らせ。

③この遊戯教材の成果に関する生活からの知らせ。
④自己発展し、自己形成している人間の、自由で自発的な生活からの伝記と素描。
⑤人間の本質と、それに由来する教育の第一の原理に関するあらゆる時代の詩人と思想家の言葉。
⑥自己の発達と継続教育の手段として、共通のスローガンのために特別な課題をさらに含めるべきであり、何か単に読者のための精神の訓練手段としてではなく、むしろ同時にその教育活動の領域における使用のための、しかも人間性の発展と継続教育の様々な要求からの諸課題のためのものでなければならない。その場合、後の雑誌が常に解決をもたらさなければならない。
⑦対象物の解明と確認のための内容を通じて、同意するか返答するかの方法に寄与する文書と文書の概要による知らせと言及。けれども、この文書の知らせと言及は届け出でもなければ、批評でもない。
⑧反対と反論それ自体と、その知らせが前述の目的のために役に立つ限り、特定の反対と反論そのものの採用。
⑨高揚や活性化と統一に向けたこの雑誌の精神と努力にふさわしい文芸作品の採用。
⑩協力する雑誌読者から届いた手紙と覚え書きなどの通知と知らせ。
⑪発売された遊戯教材と作業教材の施設による企画の実際についての通知。
⑫最後に、説明と内容の活性化に向けた楽譜と石版印刷紙による付録。
フレーベルは『日曜誌』に大きな期待を寄せていたし、それどころか彼はウーラントやリュケルトのような詩人の協力さえも引き出そうとし、そして一八三八年六月には実際にフリードリヒ・リュケルトの「私の

姉妹を寝付かせるための五つの物語」（詩人の許可により一八三七年にエアランゲンで出版された『詩集』の第四版から借用された）が『日曜誌』に登場した。しかし、雑誌は全体として大きな共感をどこにも見出せなかった。とりわけ、雑誌の様式が余りに重厚で分かりにくかった。一八三八年三月二一日、フレーベルはすでに友人のランゲタールに彼が受けた雑誌に関する見解を知らせていて、しかもそれを「この刊行物によって教育学的見地における人間の信頼を得るなど、全く出来ないことであろう」と述べたのであった。しかし、このことで判断が無に帰したままではなかった。フレーベルは、一八四〇年一〇月一四日に「全世界が私に呼び掛けた」と、「また、人が私に甘いことや苦いことを言おうとも、雑誌は鈍重で、無味乾燥で、理解できないし、私が十分優れて読めると見受けられるような夫人にとっては、本当にぞっとするようなことが書かれているのであろう」と、叔母のシュミットに書いた。それゆえ、読者の数は少ないままであり、そしてフレーベルはみずから高い期待を持って始めた『日曜誌』をふたたび廃刊せざるを得ないと悟ったのであった。

一七．新しい方法の普及の第一歩

ブランケンブルクの「幼児期と青少年期のための作業衝動の育成施設」では、徐々に多数の作業教材が蓄積されてきた。今や作業教材を最も広い範囲に知らせることが大事であった。なぜなら、まさにそれが各々の家族の財産とされるべきであったからである。確かに、フレーベルは『日曜誌』によってこの目的を達成したいと望んでいた。しかし、すでに数カ月もたたないうちに、フレーベルはこの方法だけでは彼の作業教材を普及させることはできないことを悟った。彼は、その作業方法を人々に彼自身が生き生きと具体的に見せることやまた熱烈な講演で、自分が実演すれば大成功を収めるであろうということを確信していた。この事実の認識では、彼の妻も彼に少なくとも間違っていないことを言った。すなわち、「あなたは、自分の遊戯と作業の方法について自分自身の手で口述する能力や人への影響力を持ち合わせているのを、あなた自身は分かっていないと、私は思う」と。

今まで、フレーベルは親密な仲間のなかでのみ、その力を発揮することができた。カイルハウの支援者たちと、二、三の偶然の訪問者を除いては、当時だれも作業教材を知らなかった。ルードルシュタットの侯爵夫人だけには、かつてフレーベルは自分でそれを披露した。一八三八年三月二八日、彼はバーロップとともに、侯爵夫人で母であるカロリーネ・フォン・シュヴァルツブルク＝ルードルシュタットのもとで、第一恩物と第二恩物を実演して見せた――この時まだ恩物は完成していなかった。カール・フォン・シュヴァルツブルク＝ルードルシュタット侯女と居合わせたフォン・ビュッケブルク侯女が参加した実演は、およそ一時間四五分の時間がかかった。彼は、高貴な夫人のもとで多くの関心と理解を得た。フレーベルは、彼の遊戯方法を講義し、彼の理念を展開することができる「教員集会」を毎週シュヴァルツブルクで招集する計画をしていた。当時、この計画はまだ実現されなかった。しかし、やがて我々がそれを聞く一〇年後に、フレーベルは同様の目的のためにルードルシュタットで大きな教員集会を招集したのである。

フレーベルは当時さまざまな事態の幸運な重なりによって、他の方法で公開の討論会に発表することに成功した。それは、秋に毎年カイルハウの生徒たちが教師たちとともに大きな旅行を行うということであった。一八三八年は、バーロップとフランケンベルクの指導のもとに、ザクセンを通ってドレスデンまで行った。フランケンベルクは当時完成した最初の四つの恩物を各一部背嚢に入れて運んだ。それに加えて、当時ルードルシュタットに住んでいて、自身もフレーベルの熱心な試みに非常に興味を持っていた侯女カロリーネ・フォン・シャウムブルク＝リッペが、当時ドレスデンのヴィッツム・ギムナジウムの教師であったペーターズ博士宛ての推薦状を彼に持たせてやった。初めて訪問したペーターズ博士は、フランケンベルクと同様に、彼が携えてきた恩物を出して二人の幼い娘たちとともにフレーベルの方法で遊び始めた。ペーターズは、フランケンベルクにフレーベルの理念を紹介されて深く魅了され、短い時間でその理念を修得した。フランケンベルクはカイルハウの人々とともに帰路に就いたが、けれども彼は長期にわたって新しい理念をしかもより広範囲に届けることができたら、直ぐにまた戻ってくるということをペーターズに約束しなければならなかった。

フレーベルは、この要求を喜び、直ぐにフランケンベルクとともにドレスデンに行くことを決めた。旅のために最も必要な準備を行った後、一八三八年一二月九日に支援者は乗り合い郵便馬車でブランケンブルクを出発し、ゲーラ、アルテンベルク、ノッセンを経て、一二月一一日にドレスデンに到着した。すでに一二月一三日には、ペーターズ博士の家族とフォン・ザールシュミット枢密参事官の全面的な期待に満ちた同意を得て、最初の遊戯の試みが行われた。その成果は、直ぐにフレーベルに大胆な希望を呼び起こした。彼は、そこドレスデンに「包括的で大規模な全体のための」堅固な基礎を置こうとした。それで、彼はミッデンドルフに折り返しであるがカイルハウからドレスデンに来て、自分を助けるように手紙で頼んだのである。事実また、同年一二月二一日ザクセンの首都ドレスデンにおいてそれが開始された。その間、フレーベルの熱心な試みに対する関心がドレスデンでなだれのように膨らみ、そのため彼自身の言葉によれば、彼はそれを少しも見過ごすことができなかったのである（ヴィルヘルミーネ宛ての一八三八年一二月二二日付の書簡）。特に彼は貴族界の支援の参加、とりわけフォン・ライスカ夫人、ヴィッツウム伯爵夫人、フォン・アモン宮廷牧師、フォン・ミンクヴィッツ宮廷主席執事などの参加を見出した。それゆえすでに一八三九年一月三日に、フレーベルは「ここドレスデンの生活圏では、一致した意味を認めない者はほとんどいなくなるだろう」、「事はまだ有名ではなく、したがって私がそれ自体を、いわば神の摂理や境遇を手掛かりとして貧しい者にもたらされたということを、まだ自分で知らなければならない」と、彼の妻に手紙を書くことができた。すべての活動は、同年一月七日午後五時、フレーベルがザクセン王妃と五〇〇人の聴衆を収容した博物学の講義室で「自然の直観としての就学前の最初の人間教育」に関する講演を行った時に、すべての活動が最高潮に達した。講演は一時間かかるはずであった。すでに六時に王家の乗り物が予約されたが、しかしフレーベルは彼の理念に夢中になって、ほぼ二時間の長きにわたって話した。王妃はこれに耐えた。そう、それどころか彼女はすべての企画に大きな興味を抱き、講演後にほとんど三〇分にわたってみずからフレーベルに個々の遊戯方法を披露させた。

それと同時に、フレーベルは初めて大きな集会の前で彼の新しい理念と作業教材を説明し、展開した。フレーベルがすべての点で理解されたわけでないのであったが、けれども彼は非常に満足し、成功裏に話した。特に、人が教育学的な分野で「フレーベルの言葉の集積のなかに黄金の冠」を見極めたのであった。とりわけ、師範学校長オットーと教授レーヴェ博士は彼に感激した。すでに彼らは、一月一二日に小さい純粋な学問サークルでフレーベルの新しい理念を報告することと、さらに深く基礎づけることを彼に強く要望した。その後、フレーベルはすでに一月二六日にふたたび講演を行い、しかも今度は「助言と行動のための協会」のホールにおいて講演した。加えて、彼は既存の三つの託児所で、彼の遊戯教材を導入するためにたびたび活動した。彼は、すでに早くから再三再四、彼の遊戯をともかく既設の幼児学校に導入したいという希望を表明していたのである（註7）。なぜなら、彼は遊戯が一度その施設のなかで居場所を見つけたら、遊戯は家族のなかにもまた容易に入り込めるかもしれないということを期待していたからであった。「子どもたちが全面的に基礎づけられ、また発展した作業教材を学校の後に、部分的に目的に適った役に立つ自己作業と継続教育を自分のために行い、一部は他の兄弟たちのために、一部は隣の友だちや遊び友だちのために、一部は家にいる両親のために思いやることで、遊戯作業教材は家や家族の居間に、また家族の生活にもたらされるであろう」。それゆえ、彼はドレスデンで初めてこの方法を行うことを試みたのである。

彼は至る所で大変素晴らしい成果を上げた。しかし、フレーベルにとっての最大の喜びは、一八三九年二月四日に、より多くのドレスデンの親たちが、彼に永続的な遊戯施設をザクセンの首都のなかや生活のなかに設立することを乞う願いを提出したことであった。数日後の同年二月九日、彼はみずからドレスデンにおける「郡学校監督部」の許可が与えられるよう願ったのである。それで、そこドレスデンにおいて、第一恩物などのフレーベルの精神のなかの「家族施設」が生まれ、アドルフ・フランケンベルクの管理のもとで直ぐに美しく花開いたのである。

一八三九年二月一四日、フレーベルは当時まだ全く新しかった鉄道でドレスデンからライプツィヒへと旅した。彼は、そこで同郷人、つまり最初の市民学校の校長であった——シュタットイルムの出身で教区監督官ホフマンから洗礼を受けた代子で、フレーベルの身近で成長した——フォーゲル博士を通して、足場を固めることができるよう望んだ。それで、フォーゲルの助けにより、フレーベルはすでに二月一七日に最初の市民学校において教師陣とその他に少数の教養ある紳士淑女たちの前で、自分の理念を展開することができた。彼はこれによって、マイセン州の教区会議員やリントナー教授とライプツィヒ国立聾唖施設の管理者など、自分の試みのための新しい重要な支援者たちを得た。同時に、彼は二月二〇日に多くの公衆の前で、また同月二三日にはライプツィヒの全管区のすべての国立学校教師たちの前で、話すことを求められた。この講演によって、彼は幸運に恵まれたように思えた。なぜなら、一八三九年三月一日の『ライプツィヒ日報』に次の言葉、すなわち「フレーベル氏の講義を続けることを望む。彼は必ず好意溢れる聴衆を見出すであろう。彼に栄光と感謝を。」で結ばれた匿名の「助言」が現れたからであった。――その時に、そこライプツィヒでフレーベル主義に基づく遊戯施設を設立するという考えが浮かんだ。三月三日、フレーベルはこの施設の設立のための詳細な計画を起草した。しかし、当時まだこの施設の設立は成功しなかった。

フレーベルは、もう翌日にブランケンブルクへ帰らなければならなかった。すでに長いあいだ病に苦しんでいた彼の妻が、重篤であったのである。彼女は、もはや重い病の床を離れられなかったし、一八三九年五月一三日に亡くなった。フレーベルは「果てしない喪失感を感じた」し、また彼女をよく知っていたミッテンドルフは、彼女の死後の数日をいつものようにレオンハルディに宛てて次のように書いた。すなわち、「私は非常に高貴な女性と旧知であった。実際、彼女は私にとって並ぶ者がない存在であった……幸せのために道を開く善き人間性のための活動に、また彼女の行動と生活における発展の要求による人間救済に、彼女自身を捧げた、それが彼女の器量であった……。フレーベルの新しい企画と同様に、彼女は子どもの育成を高く掲げ、自分の持つすべてを捧げ、彼女が病の最中にフレーベルと支援者とともにドレスデンに行ったこと、また同様にそのために貢献することを通して感じたこと、彼女が自分に向けることができたであろうものをすべて断念し、フレーベルが彼女の衰えについて文字に書くのを許さなかったこと、またフレーベルの力とそこでの活動を弱めさせないために、彼女の手紙そのものは生きる喜びと彼への激励のみが記されていたことを、君は推し量ることができるであろうか」と、書いたのである。

ヴィルヘルミーネは、彼女の間近な死を前にして、予期せぬフレーベルの賛辞をなおささやかな喜びとして体験した。フレーベルは、彼のドレスデンでの活動のなかで、彼が次にそこで乗り越えなければならない課題は、彼の原理に従った施設で幼児を導くことができるふさわしい人物の育成を常に意識し、また明らかにしたことであった。確かに、彼はすでに以前からそのような考えを持っていたが、しかし一八三九年一月と二月におけるように、そのような専門教育の必要性が彼にはまだ判然としていなかったのである。それゆえ、彼は二月一六日付で妻に宛てて、この件では「今をおいてしかその時期はない」と手紙に書いたのであった。彼は、ただ場所に関してはまだ心が定まらず、つまりドレスデンとブランケンブルクのあいだで揺れていた。そこで市参事会は、場所において彼の関心を引くために、したがって一八三九年四月二一日の彼の誕生日に、彼をブランケンブルクのための名誉市民に任命したのであった。

目的は到達されたのであった。すなわち、フレーベルはブランケンブルクに留まった。六月の初めの日に、子どもの指導者の養成専門教育の最初の講座が始まった。しかし、参加者は、新聞雑誌での予告にも拘わらず非常に僅かで、ただ数人の若い教師たちが来ただけであった。そのうちの二人、ヴァイル博士とホッホステッターは、一八三九年フランクフルト・アム・マインにフレーベルの新しい遊戯作業の方法を移植した。彼らは、そこフランクフルト・アム・マインの施設を、フレーベルの精神において整えたからである。——

後の講座ではさらにまた婦人たちと未婚女性たちも参加し、それによって講座はいくらか出席者が多くなったが、ブランケンブルクでは彼が同じ時期によかれと集めた六人以上には多数の参加者を集めることができなかった。講座は、平均で六ヶ月かかり、参加者の準備教育に応じて時折短縮し、他方でまた延長した。講座参加者の一日の区分を規則化した唯一の手書きの時間割が、まだ現存している。例えば、一八四〇年二月一四日には、フレーベルはシュヴァルツブルク・ルードルシュタット侯后・侯母に、侯后がフレーベルのもとで育成させているエミール・メンガーの時間の過ごし方を報告している。それは次のように行われた。

八時半まで、自習の時間（昨日提供されたことの御復習い）、その後朝食。
九時から一〇時、子どもの本性の観察と、それから生じる対応と保育。
一〇時から一一時、遊戯と作業の方法の理論的・実践的な実演。
一一時から一二時、図画の練習。
一二時から一時、音楽（自習）。
一時から二時、昼食と自由。
二時から三時、習字（自習）。
三時から五時（水曜と土曜は二時から四時）、遊戯施設での作業、その後おやつ。
六時半から八時まで、算数。
六時半から八時、聖書史、その後夕食と自習の時間。

この講座がまた少数の参加者しか出席しなかったとしても、後まで残る活動があったのである。つまり、目的の職務に完全に身を置き、フレーベルの理念をその生活領域において実現する人の数が決定的に存在したからである。

これによって、フレーベルの製作物はドイツの多くの場所で徐々に認知されたのである。

一八．ブランケンブルクでの「遊戯と作業の施設」

フレーベルは、講座の参加者たちに新しい遊戯方法を練習する応用の機会を与えるために、より多くの数の子どもたちを必要としていた。ブランケンブルクの幾つもの名のある家族が直ぐに同意し、この目的のためにその子どもたちを彼に委ねたのである。それゆえ、フレーベルは、子どもの教師たちのための最初の養成講座と同時に、一八三九年の六月の初日に「遊戯と作業の施設」を開くことができた。それは、ミッテンドルフが彼の日記ではっきりと書き添えているように、「その成果はこれまでの範囲と計画を超えることになった」のである。間もなく、あらゆる階層の六歳からまさに一一歳までの四〇名から五〇名の子どもたちが加わった。詳しく言えば、毎日午後三時から四時四五分に、それぞれ一人づつの指導者を長とする四つの様々なクラスのもとで遊戯が行われた。ブランケンブルクの市参事会は、彼にその遊戯の場所として「地下貯蔵庫から上の家屋」を、またその後ろにある「空き地」を遊戯場や庭として提供した。そこは、今や喜ばしいあわただしさが日々繰り広げられたのである。外国人や自国の人の心遣いが、とりわけルードルシュタット侯爵宮殿の貴族の婦人たちの心遣いが新しい施設に贈られ、彼らは施設をしばしば訪れたのである。

それにも拘わらず、ブランケンブルクの施設は完全なものと思われていなかった。新しい企画には、まだ厳密な組織と常任の当面の指導者が欠けていた。もっとも、フレーベルは「遊戯と作業の施設」に専念することができなかった。なぜなら、彼は彼の労力の多くの部分を、その他の既存の「幼児期と青少年期のための作業衝動の育成施設」に、したがって「商業活動」に、講座参加者の授業時間と同様に、より多く費やさなくてはならなかったからである。また、ミッデンドルフは子どもの遊戯を指導するために、毎週三回カイルハウからブランケンブルクにやってくることができただけであった。しかし、この目的のための他の常任の働き手はいなかった。それに加えて、子どもたちの親の協力は施設の財政維持に対して全く考慮がなく、したがって子どもたちの参加も決して完全に規則正しいものではなかった。それゆえ、一八四二年一〇月にも「ドイツ一般新聞」で、次のように嘆いている。すなわち、「現在、子どもたちの一日の大多数の時間中を監督するために選ばれた子守の女性がいつもいれば、フレーベル氏は時々かなり無秩序に見える遊戯時間の始まりの際に、鞭に打たれる子どもをつかまえることはないであろうし、子どもたちは絶えず一緒に集まって来るであろう」と。

一八四三年、フレーベルは彼のブランケンブルクの遊戯と作業の施設を確固たる状態にすることに最終的に成功した。市参事会との長い話し合いの末にやっと、一八四三年の四月一日から九月三〇日までの期間、施設のために――当時まだ存在しなかった「幼稚園教員」を意味すると考えられる――「子どもの母」を雇うための三二ギルダーの給与を寄付することと、加えて二尋の材木と一八〇本の小枝が納入されることが、彼に約束された。市参事会は、ブランケンブルクでは冬には「託児所」が必要ないであろうと考えた。なぜなら、親たちのほとんどが農民であったし、冬にはわが子をみずから教育することができるであろうからであった。イーダ・ゼーレが「子どもの母」として雇われた。彼女は、やがて施設の女性指導者として、さしあたりは養成専門教育のために、一八四三年二月以来フレーベルのもとに滞在した。彼女は、ブランケンブルクの遊戯と作業の施設で働いた最初のただ一人の有資格者であった。フレーベルは、毎月ごとに一ターレルの給与を彼女に与え、またヴォルフラム夫人宅のもとでの住居費と食費を支払った。それゆえ、ついにブランケンブルクの子どもたちは一日中施設で作業を与えられ、今やはじめて――つまり一八四三年――ブランケンブルクに今日の「幼稚園」と呼ぶ施設が生まれたのである。

しかし、この祝福に満ちた設立は長く存続しない定めにあった。一八四四年七月には、すでにイーダ・ゼーレがフレーベルの要望によりダルムシュタットに新しく開かれた幼稚園を担当するために、ブランケンブルクから去った。彼女の去就は、ブランケンブルクの遊戯と作業の施設の終わりを意味した。なぜなら、フレーベルは一八四四年以来ほとんどいつも旅の途上か、あるいはカイルハウにいる状態であり、ブランケンブルクの遊戯施設をふたたび復活させることについて、さらに考える人がいなかったのである。

一九．「普遍的ドイツ幼稚園」

ブランケンブルクの「地下貯蔵庫から上の家屋」には記念銘板があり、次の碑文を載せている。「フリードリヒ・フレーベルは、一八四〇年六月二八日に、ここで最初の幼稚園を興した」。この碑文は、全く正しくない。なぜなら、すでに「地下貯蔵庫から上の家屋」には、我々が前で一部見たように、一八三九年六月以来「遊戯と作業施設」が属していた。これに関して、一八四〇年ということが最小限改められていない。実際、フレーベルが一八四〇年六月二八日に創設したものは、「最初の幼稚園」ではなく、むしろ「普遍的ドイツ幼稚園」である。それは、フレーベル主義に従って徹底的に運営された遊戯施設として、実際まだ何か完全に違っていた。それに加えて、設立式典は一八四〇年六月二八日に「地下貯蔵庫から上の家屋」ではなく、ブランケンブルク市庁舎の大きなホールで開催された。それゆえ、記念銘板は「地下貯蔵庫から上の家屋」から除去されて市庁舎に取り付けられ、また同時に「最初の」という文字は「普遍的ドイツ」に取り替えられればよいのである。

この外見上ささいなことは、ただそのために申し立てられている。なぜなら、全く大事なことは、いかに人がフレーベルの活動を一般的に狭く小さく理解することに馴染ませられているかということだからである。この碑文を付けることができた人は、その人がフリードリヒ・フレーベルの強烈な精神の息吹について触れないままでいることをもっぱら明示しているのであり、彼はフレーベルが一八四〇年六月二八日に「普遍的ドイツ幼稚園」の名のもとに設立しようとしたことが本質的であるということを、全く理解していなかったのである。

それゆえ、我々は「普遍的ドイツ幼稚園」の理念を次のように幾らか正確に考察しよう。一八三九年六月に開始された子どもの指導者のための養成講座は、まず第一に男たちのために決められたのであるが、フレーベルは「後にまた健康な未婚女性たち」を養成することだけを予定していたのである。それゆえ、ブランケンブルクでの彼の最初の生徒たちやまた若い男性たちが、すなわちヴァイル博士、ホッホステッター、エンズリン、アウスパァハなどが除かれていた。彼らのすべては――当時のフレーベルの意図であった――彼の遊戯方法の運用を既存の幼児学校に導入するなど、類似の施設を生き返らせたのである。

しかし、すでにフレーベルの最初のドレスデンの滞在期間（一八三八年から一八三九年）に彼が努力し、これまで早期に導入した新しい教育や、もっと幅広い基礎に着手されなければならなかったことなどの認識がすでに生じていたものとして、彼にようやく分かりかけてきたのであった。彼は、「まさに第一に子どもの覚醒された生命とボールによってみずからの作業のあいだに」、つまり子どもの手足と感覚の発展のあいだに関係している極めて本質的な媒介概念が欠けていることを感じたのである。なぜなら、子どもたちは「まず自分自身で遊ぶからである。すなわちその手足が遊戯の素材と表現の材料である」からである。それゆえ、この本性の感覚の活動と手足の活動は、すでに早くから注意を払って育成するものであることが理解されなければならない。しかし、そのことはただより広く「早い時期から手足の調整」が創出されれば、「つまり意識において母親の生命と母親の感覚の育成を高める」ならば、行い得るとフレーベルは考えた。なぜなら、人は意識して行うことを、ただ人として現実に行うからである。しかし、多くの母親や若い女性は自分たちの真の女性的な感覚をまだなお意識していないのである。それゆえ、フレーベルはこの点を彼の改革に組み入れようとしたのであった。すなわち、彼は若い女性と母親たちを、幼児の保育者という神聖な召命の意識に向けて教育しようとしたのである。彼には、人間の最も幼児期の教育のための女性の大きな意味が、一八三九年を経過するうちにより明らかになり、それで彼はその年の終わりに母親であるシュヴァルツブルク・ルードルシュタット侯爵夫人にしばしば分かり易く告白した。すなわち、「私が第一に子どもの保育に専心すればするほど、ますます私には子ども時代に行われなければならない人類の最初の教育が必要であることを理解します。それは、少なくとも人によって、また特にばらばらに行われるのではなく、むしろとりわけ婦人の女性的で母性的な感覚、女性的で母性的な愛を援助しなければならない」のであると。

すべての女性の心には、子どもを愛する感覚が宿っている。この感覚は神によって自然と人間の内的統一へと導くだけでなく、また特にそれら相互の統一へと完全に導くのである。まさに、それはすべての女性たちと母親たちが従事する、新しい世代の育成という共通の仕事である。また、彼女たちが子どもを人間として一般的に考えるだけでなく、家族の構成員として、全人類の構成員として、そしてその「継続の形成者」として考えるならば、彼女たちは「子どもの育成者としての婦人の使命の尊さ」という、彼女たちの召命の高尚さを認識するであろう。「神との合一の明晰さと深さや豊かさのなかには、子どもの保育者としての女性の心情の有効性と同じように、すべての人間性の芽生えの善いものが宿るのである」。「女性の生命と子どもの愛、子どもの生命と女性の心情、なかでも子どもの保育と女性の心情を、理性のみが隔てるのである。それらはその本質で一つなのである。なぜなら、神は、本当の女性の感覚の内にある女性の心と心情のなかの子ども時代を通じて、人類の精神的な存続を現世に宿したのである……実際、生命は様々な発達や幅広い育成において、時には母の心情に反して、とりわけ女性的な心情と子どもの欲求に反して、外的な関係の巨大な力によって子ども時代と婦人の生命のあいだに、また女性性と子どもの生命のあいだに人為的な分断をもたらしたのである」。とりわけ、まず子どもの時代の保育者は女性の生命を繰り返し完全に注がなければならないし、「女性の生命と子どもの保育は普遍的に再統一しなければならないのであって、女性の心情と意味深い子どもへの配慮がふたたび統一されなければならないのである」。

フレーベルは、この状態を導きたいと望んだ。すべてのドイツの婦人界は、教育の崇高な課題のために熱中し、教育されるべきであった。比喩的に、フレーベルは女性の心情と意味深い子どもの保育を統一として開花させる、広く美しい庭を創ろうとしていたと言われている。それが、一八四〇年六月二八日にブランケンブルクに創設された「普遍的ドイツ幼稚園」であったのである。

フレーベルは、子どもたちは教育されることによって「彼らの教育のための次の関係が生じるだけでなく、むしろ子どもを教育しているすべての環境のなかでまたその関係が作用している」ことを明確に認識していた。その点で、彼は自然について、自然では個々の植物は他のすべての植物に依存せずにそれのみで繁茂するだけでなく、季節、生息場所、天候などに依存する「すべての自然状態」の作用のもとで、その他の植物とともにあると考えた。子どもをとりまく外界は、子どもの成長にとって同じように重要である。それゆえ、フレーベルは、子どもの眼前に現れるすべての環境を醇化しようとした。そのために、フレーベルは「ドイツ幼稚園」を創造したのである。全ドイツの祖国は、そのなかで婦人と未婚女性が子どもと幼児の意味深い心情を待ち望む、いわば庭にならなければならなかった。

——それが、一八四〇年の春に友人たちとともにカイルハウからブランケンブルクへ歩いていた時のフレーベルの考えであり、「シュタイガー」の丘の上で、彼らの前に横たわり広がる大きく美しい庭のような、日が照った快いリンネタールの光景のなかで、突然「見つけた、幼稚園がその名前でなくてはならない」と山に向かって叫んだのであった。それは、狭い壁の家ではなく、彼の念頭に浮かんでいた幼児たちのための施設でもなく——むしろ彼がもたらそうと夢見た理想の状態、調和した理想の状態、真の女性の感覚と幸せな子どもたちの生命による完全な統一、広くドイツの全国に広がる真の「普遍的ドイツ幼稚園」であった。

フレーベルは、この偉大な理念のために全ドイツ婦人界を感激させたかった——彼はすべての女性たちを、単に母親だけでなく、むしろまた幼児たちの教育を託す他のすべての者、したがって年長の姉妹や少女などを彼女たちの高貴な召命に教育しようと欲したのであった。彼は、あらゆる母親に、また最もいい加減な母親にも、その子どもたちにふさわしく教育することが強いられるであろう「集団の特定の権力や力や、あるいは一般的な習慣によって」、その目的のために大きな婦人協会に生命を呼び込もうとした。彼はすでに一八三九年のクリスマスの一日に、三人の影響力のあるブランケンブルクの女性たちに宛てて、今日のクリスマスを「子どもたちとすべての子どもたちへの愛や真の祭典とするように」集まることと、いわば「幼い最初の子どもの保育に向けた一般ドイツ婦人協会の最初の小さな芽生え」になるように、他の誠実で尊敬すべきブランケンブルクの女性たちに連絡を促す回状をしたためることによって、そうした協会の創設に向けた最初の措置を行った。実際に、一八三九年一二月二五日のクリスマスの当日、多くのブランケンブルクの婦人たちのそのような集まりが行われているのである。

一八四〇年三月一二日、この最初の女性たちの集まりは「ドイツの婦人たちおよび女子青年たちによる教育活動実行のための協会」に拡大された。二週間後の三月二五日と二六日に、フレーベルは「統一された考え」の表題を持つ論文のなかで、「我々の集会」の目的を明確にはっきりと言葉で表現した。協会の課題は次のとおりであった。

「一. 子どもの教育と人間の陶冶の本質に関するそれぞれの明確化と統一。なぜなら、それは目的の明確さがどこにあるかを、また手段の明確化と方法の確定を、そして実現の信頼性を望ませるためである。二. 認識された目的のために最善の手段と簡潔な方法の発見、そしてその手段の全般的な共同の習得とその方法に踏みだすことのそれぞれの通知。三. そしてまた、方法の共同の開発と、共同的で一つの合意した全体の実現。四. 人間一般の十全な本質と子ども固有の人格の特質に応じた、子どもの共同の観察と取扱い。五. それゆえに、特別な子どもの保育と教育に応じての一般の参加と援助。六. 他の家族においても、子どもの本性に応じて人間の本質に十分ふさわしく、自分の家のような待遇と教育であるように活動すること。そのために、①総じて助言と行為により手をさしのべること、②ふさわしい方法を提供すること、③最も確実な方法を示すこと、④可能であればふさわしい援助を斡旋すること、⑤まさに、みずから陶冶することに向けて、少なくともその生まれる諸力によって協力すること、またそれについて、七．とりわけ、幼児たちを世話し、子どもたちを育て、子どもたちを教育する人たちの陶冶のために、特に女の子の陶冶のために、しかもドイツの中産階級の婦人の要請に従って、①子どもの保育に関して、②そしてまた下層階級でない、ドイツの中産階級の婦人の要請に従って、経済の指導を考えて、③実際また本質的であり、難しい二つの観点である人格・道徳的な点と宗教的な点に関して手をさしのべること」。

とりわけ、フレーベルは最後の、適切な子どもの保育者の養成専門教育を通じて、真の婦人の感覚と真の子どもの保育の統一を導き得るであろう前述の理想の状態を望んだのである。それゆえ、この思想の実現はすべて翌年の彼の努力に向けられていた。彼は、いわば種子が生まれなければならない大きな施設を設立しようとしたのであって、それは全ドイツの婦人界に徐々に浸透できたのである。計画された施設には、「施設を最もよく理解して博識な、全体の根本思想を自分固有の生活思想として認識し実行するような人たちが、教育された教師として」雇われるべきであったし、彼らは「最も教えられて蓄積したものと教育方法を、自分の内で一致させようと試みること」をしなければならなかった。女性の手仕事と世話、家庭と経済の仕事、庭の手入れなどが、そこで本来の子どもの保育とともに教えられるように指示されたのであった。この子どもの女性指導者のための養成所と、すでに存在している「幼児の保育と作業の施設」は結びつけられるべきであったし、それは養成所の「養成された者」に応用の場として役立たせ、同時に託児所と同様の施設に対する模範とされるべきであったのである。

大きなブランケンブルクの施設は、いわば「普遍的ドイツ幼稚園」の萌芽となるべきであった。樹木の種子からのように、夢見た理想の状態がこの施設から育たなくてはならなかった。施設それ自体が一部でなければならず、それは子どもの庭の大きな中央・中心点で有り続けなければならなかったのである。

「普遍的ドイツ幼稚園」、それは理念として生まれ、フレーベルの意識のなかで精神の火花として光り輝いた。実際、理念は実生活、現世の形態に受け容れられなければならなかったし、さらに実現されなければならなかった。それは、同時期の全ドイツの父祖の地ではもちろん一挙にできなかったし、差し当たり「すべての生活の地点で」起こらなくてはならなかった。この点、ブランケンブルクの施設を成長させなければならなかった。同様に、「普遍的ドイツ幼稚園」の偉大な理念の実現は、ブランケンブルクの施設のなかで起こらなければならなかった。目に見える物質的な世界での理念の開始は、子どもの保育者にふさわしい養成専門教育のための施設として生まれた「普遍的ドイツ幼稚園」の理念による以外は、まず全く不可能であった。したがって、しばらくのあいだは当然ブランケンブルクの施設が「普遍的ドイツ幼稚園」でなければならず、それはまさに樫の木の種が巨木への萌芽に向けて最初の小さな根と葉を広げるように、少なくとも「普遍的ドイツ幼稚園」のための現世の萌芽でなければならなかった。ほっそりとした小さい植物は、力と誠実さのシンボルとしてわれらの詩人が歌に詠んだ瘤のある強力な樫の木には外見的に似つかわしくないが、それにも拘わらず我々はこの見栄えのしない形成物を樫の木と名付けるのである。少なくともフレーベルが心にとめたその施設の姿は、外見的には「普遍的ドイツ幼稚園」に余りふさわしくないにも拘わらず、それでもやはりフレーベルは、彼のブランケンブルクの施設をそのように、すでに「ドイツ幼稚園」と名付けたのである。我々が樫の木と名付けるほっそりとした小さい植物は、まさしく――表面的な観察者が考慮しなかったとしても――すでに立派な樫の木に向けて生命と能力の火花を広げようとしている。また、この火花は我々が言うところのいわゆる物質的なものではなく、すなわち観念上の内容なのであり、それは小さい植物をすでに樫の木に変えるものである。それは、ブランケンブルクでフレーベルが計画した施設においても同様なのであった。この「普遍的ドイツ幼稚園」の理念はその施設のなかに生き、それは樫の木の種子が樫の木に広がろうとする能力の覆いであるように、いわばこの理念の覆いであった。直ぐにその理念は覆いを突き破り、またやがて徐々に現実の本来的な「普遍的ドイツ幼稚園」が世界のすべてであるように、ゆっくりと有機的に開花することを、フレーベルは希望したのであった。

フレーベルは、「普遍的ドイツ幼稚園」の理念の実現へのさらにより広い萌芽の場をあちこちに形成しなくてはならないと考えた。すなわち、家族や家族の団欒とよい施設のなかで真の子どもの保育が見出され、そこから周囲の生活に真の子どもと人間の教育が徐々に広がる場を形成しなくてはならないと考えたのである。すべての都市や村に、彼が当初から常に名付けていたような「狭い意味での幼稚園」の萌芽の場が生まれるべきなのであった。それらすべてが、次第に「普遍的ドイツ幼稚園」に向けて一体となるべきであったのである。

それが、一八四〇年にフレーベルが関心を持った彼の思想であった。彼は、一般に注目された最盛期に、彼の大きな計画を世人の前に公表し、またドイツの婦人たちと未婚女性たちに「普遍的ドイツ幼稚園」の理念を知らせようとした。彼はそのために六月二八日を、したがって全ドイツで印刷術発明の四〇〇年記念祭を厳粛に挙行日として選んだ。彼は、活気のあるグーテンベルク記念祭を行おうとした。なぜなら、生命を与えられたことへの感謝のみが活気に結びつくのであり、すべての印刷術がそうであるように、常に完全性に向けて発展し続けることへの感謝が、同様にただ完璧さに向けて努力し続けることで表現し得ると、彼は考えたのである。実際、このことを幼児以外の誰が行うであろうか。それゆえ、そもそも価値のあるグーテンベルク記念祭を、生き生きとした教育活動を全ドイツに広げるものとしてフレーベルの精神を念頭に置き、また全ドイツ婦人界を記念祭の開設に参加させなければならないことがあり得たのであろうか。

夢見た理想の状態の導入のために行わなくてはならない第一のことは、すでに前述したように、真の子どもの教育を全ドイツに広めることのできる実際の子どもの保育者養成施設の設立である。しかし、この施設の設立には、フレーベルは資金を、しかも多くの資金を必要とした。それは「全般的な見積もりによればほぼ一〇万ターレルの設立資金であり、フレーベルはこの多大な総額を株によって工面することを望んだ。しかも、彼はその際にとりわけドイツ婦人界と未婚の女性たちの購買意欲を計算していた。一〇ターレルの株が発行され、それは高すぎも安すぎもせず、一万人の加入女性が資金をもたらすはずであった。しかし、フレーベルは一万人の加入女性が、この場合ではどの名のある地域でも二・三人しか来ないのではないかと思った。

すでに述べたように、一八四〇年六月二八日が当然「普遍的ドイツ幼稚園」の創立の日となった。式典は、朝にカイルハウとアイヒフェルトの教会で始まった。フレーベルは、それから彼の支援者たちやカイルハウの生徒たちとともに、午後に実際の式典を祝うためにブランケンブルクへ軽装の馬車で向かった。町の通りは美しく飾り立てられ、住民が役所に集まった。今やここで「普遍的ドイツ幼稚園」の本来の設立と創設が行われた。カイルハウの学園の教師たちは、まずはじめにアナッカーの鉱夫の言葉を披露した。最後に「無事に上がって来いよ」が、フレーベルの祝辞の後につづいた。彼自身は、それを「招待の言葉」と名付けた。全式典は根本において、計画された大きな教育活動により広い範囲での注意を導くことをただ目的とした。フレーベルは、言葉を通じて出席している婦人たちと未婚女性たちだけでなく、同時に出席者を通じて「我々の親密で偉大な祖国のすべての婦人たちと未婚女性たち」にも協力を要請しようとした。演説の後、ブランケンブルクの「遊戯と作業の施設」の子どもたちが幾つかのフレーベルの遊戯を披露した。その合間に、出席した多くの婦人たちが、「目的のために美しい花で飾り立てられた脇の部屋で」新しい試みのための株に署名していた。

祭は「一般ドイツ新聞」、「ゲライシェン新聞」、「一般学校新聞」、「ライプツィヒ一般新聞」、「ライプツィヒ日報」、「週刊ハンブルク特権公益通信」等々のドイツの新聞で、様々に注目された。それゆえ、「普遍的ドイツ幼稚園」の理念は今や広く知られ、したがって六月二八日はフレーベルが希望したことを現実にした。すなわち、真の子どもたちの保育の思想の種蒔きの日ということになった。フレーベルは、一八四〇年の一〇月二二日にようやくフランクフルトの友人に宛ててこの成功について、「私は、考え得る嬉しさと真理に満ちた感情をもって、人間の本質と子どもの本性にふさわしい子どもたちの保育、とりわけ子どもにおける観察と活動衝動、特に陶冶衝動にふさわしい糧によって、私自身にはもはや全く示すことのできない無数の場所で、ただドイツ内部だけでなく、むしろまたドイツの外に四方八方へと生き生きとした共感と心からの関与を見出したと言ってよいであろう。」と書いたのであった。

しかし、フレーベルは、彼の理念が知れわたった後、そのために与えられた必要な方法を彼みずからがよこしまに手に入れたのではないかと、もう思われたのであった。株の署名は、非常にゆっくりと前進した。一八四〇年九月八日、最初の八〇株が署名され、同年一〇月二六日には九二株が、一八四一年五月二五日には一二〇株、そして最終的に一八四三年六月二八日――したがって、丸三年後の同じブランケンブルクの式典に――たった一五五株が署名されただけであり、僅か三七人による払い込みだけがあった。

プロイセンでの事業は特別な困難が見られた。株の名がそこでは不興を惹起した。実際、前例では求められなかったが、プロイセンでは株式事業の公表に省の同意が必要であったので、そのためプロイセンの婦人たちと未婚女性たちはフレーベルの仕事に関与しようとしなかった。それゆえ、我々の教育学者は一八四一年六月二八日にベルリンの内務省に申請書を提出し、そのなかでフレーベルは、彼の創始した株の事業は通常の意味ではなく、慈善施設であることを証明した。それゆえ彼は、彼の「ドイツ幼稚園」に他の慈善施設やキリスト教の施設と同じ権利と保護を与えるようにして欲しいと、省に要請した。しかし、一八四二年二月四日に「宗教教育医療事務大臣」アイヒホルンから彼に、フレーベルの熱心な試みが確かによい意図であることは承認するが、だがしかし「ドイツ幼稚園」に基づく必要性は現在のところなく、申請はふさわしくないという回答があった。

したがって、至る所で彼の事業に障害が立ちはだかった。フレーベルが彼の素晴らしい計画の実現を思い描いたのとは全く異なっていた。彼は、一八四〇年六月二八日後のまもなくに、すべての「寄付金」に基づく建物の構築を始めることができるようにと望んでいた。施設は、街の郊外のシュバルツァの岸辺の、いわゆるさら地の草原に建つはずであったし、「普遍的ドイツ幼稚園」の中心点で起点になるはずであった。すでにC・ブライヒロートがそのために二つの計画を描いていたし、最初の一〇〇〇株が入金されれば、直ぐに建築が開始されるはずであった。——しかし、我々がすでに耳にしたように誰も参加せず、一五五の署名数を超えることはなかった。それゆえ、常にフレーベルの熱心な試みを暖かく支持していた「一般ドイツ新聞」は、一八四三年一一月二七日に「少なすぎる」と、また「ザクセンの最新の株式鉄道計画のように、何か正しいことを開始するには少なすぎる。五千万ターレルでも多すぎはしない。もちろん、むこうは利子を生むが、こちらは神の応報だけである」と書いている。

フレーベルが一八四〇年のグーテンベルク記念祭で念頭に浮かべていた計画は、それゆえ少しも達成されることなく、「普遍的ドイツ幼稚園」のために芽生となるはずであった施設は手に入らなかった。そのために、ディースターヴェークは一八四九年の初頭に言葉と文字（例えば彼の「ライン新聞」や「ベルリン国民新聞」、特別な小冊子など）で、詩人の生誕百年祭として計画された「ゲーテ基金」が、「母性のための普遍的な教育施設において、特に保育と向上のために、人類の子ども期の教育のために」存在するべきであると、暖かい支持を新たに開始した。——しかし、それも一八四〇年のフレーベルの試みと同様に、無駄であったのである。

二〇．『母の歌と愛撫の歌』

フレーベル教育学の発展は、常に意識され出来上がりつつあった精神的深化の過程である。フィヒテの言葉である「至福は我々の内からやってくる」が、彼の座右の銘であった。それゆえ、フレーベルは最終的にすべての教育的な行為の開始を母の心に置かなければならなかった。まず、母の行為が外見的な成果を生じ得る前に、彼女の心のなかで何かあるものを開花させなければならなかった。――婦人の心情をこの意味で活発にすること、女性の高尚な使命へと意識を高めることは、特別な措置を必要とした。すなわち、フレーベルは、この目的のために特別な母の書、つまり一八四四年に彼の編集で『母の歌と愛撫の歌』を創ったのである。

この書は、すべての教育学的著作のなかで比類のないものである。同書は、第一に絵本のように見える――フリードリヒ・ウンガーが五〇もの多くの銅版画を描き、ロベルト・ロールが歌のためのメロディーを作曲している――。実際、フリードリヒ・フレーベルの小さくも偉大な詩は、同書の読者が直に感じるほど非常に意味の深いものとなっている。そこでは、絵の観察と指遊びがことさら問題となっている。そして、さらに本の第二部に含まれる個々の絵の「説明」を読んだら、芸術の助けで母親の本能を意識させるために、独創的な精神がそこで新しい道を歩んでいたことをその際に知るであろう。『母の歌と愛撫の歌』は、フレーベル独特の作品である。「私の教育方法の最も重要なものをこの本に書き留めた。それは自然に即した教育のための出発点であり、人間的資質の萌芽点を健康で完全に発展させなくてはならない以上、それが養育され、援助されなければならないような道を示した」と、彼自身が『母の歌と愛撫の歌』に関して記している。

しかし、この書に彼が固有の魅力を与えているものは、まだ他にもある。すなわち、「ここで子どもと幼児を導く偉大な教えは、あらゆる事物の生命の合一であり、すべてを包括している生命の合一の意識を与える至福である……フレーベルは、この世界の象徴を母の先導する試みにおいて銘記させることに倦んでいない……まさにこの生命に関する最も高尚な理念の作用をもつ最も純粋な者と最も幼い者の関係を通じて……その精神は彼の活動において誤っていない」と、エドゥアルト・シュプランガーはフレーベルの『母の歌と愛撫の歌』について書いている。

ところで、この『母の歌と愛撫の歌』は、純文学的にも最高の面白さがある。すなわち、それは教育学の領域におけるドイツ・ロマン主義の最も純粋で最も完全な影響である。フレーベルは、若い頃に何回かロマン主義運動に内面的な接触をした。それに関して、彼は生まれながらロマン主義にふさわしい魂の持ち主であったのである。『母の歌と愛撫の歌』によって、彼はドイツ教育学者のなかでロマン主義者となっている。

ミュンヘンの「ロマン主義派画家」の出であったフリードリヒ・ウンガーは、特に中世のゴシック様式の志向と城や大聖堂を繰り返し描いたその絵の様式によって、『母の歌と愛撫の歌』の絵において同書のロマン主義的精神を表現したのである。

人間の内にある無意識を見出したことがロマン主義の功績である。フレーベルは、彼の『母の歌と愛撫の歌』で、女性の無意識や母の本能に芸術の厳粛さを付与した。母親は、新生児を見つめる際に、子どもの誕生を通して喜びのおぼろげな感情や敬虔な気持ちに永遠なものや神的なものが、その子のなかに生きていることを予感する。それは、ほかのだれでもなくフレーベルがすべてそこで付与した表現である。この聖なる予感と感情のみが、唯一この純粋で素晴らしい雰囲気が、フレーベルが彼の書を介して広めようとしたものであり、それゆえ真にロマン主義的なものなのである。

また、それにより実践的な教育成果が達成されたのであろうし、フレーベルにとってそれは自明のことであった。子どものなかにそのような神的なものと不滅なものを予感する母親は、彼女の召命の深い内的な理解力を教育の仕事に歩み寄らせるので、彼女はまた子どものよき保護者と保育者になるであろう。

ペスタロッチの『母の書』からフレーベルの『母の歌と愛撫の歌』までは、――両者のあいだにはおよそ約四〇年が横たわっていて――より遠い道であった。すべての学校教師の決意、あらゆる「方法的な消耗」の除去は、その中間にある。そのために、母の真の心情の世界が明らかにされ、またその全体のなかで芸術的に把握され、そして表現されるのである。先行した一般のロマン主義運動なしには、それはあり得なかった。そのように、我々は『母の歌と愛撫の歌』を事実上ドイツ・ロマン主義の成果と称することができるのである。

二一．真の幼稚園の成立

フレーベルは、子どもが彼の法則に従って保育され作業する遊戯施設をドイツの地方の至る所で設立するために、また至る所で「普遍的ドイツ幼稚園」の萌芽の地を生き返らせるために、とりわけ必要な出版を行った。この施設のための「幼稚園」という名称は、一八四三年と一八四四年以来ますます完全に一般的になった。このような幼稚園は、当然すべての都市や村で開花すべきであった。幼稚園は、特定の階級の子どものためだけではなく、共同体のすべての就学義務前の年少者のために約束されていたのである。しかし、幼稚園は同時に子どもを愛するすべての婦人たちの観察と教えの場や、また乙女たちが関係する場であるべきであり、さらに言えば幼児の保育と作業に関する観察と教えの場でなければならなかった。とりわけ、そこには現在でもまだとても十分に価値があるとされていない、文化を促進するという幼稚園の大きな要素が存在するのである。幼稚園は、我々のフレーベルには自己目的ではなく——彼はそれが決して家族生活の代用になれないことを意識していた――、むしろただ目的に向けた方法なのであった。すなわち、幼稚園は、理想の状態、「普遍的ドイツ幼稚園」を導くべきであって、真の婦人の感覚と本性に即した子どもの保育において内的に統一された全体を形成しなくてはならないのであった。彼の『母の歌と愛撫の歌』によるように、彼はそのような彼の「幼稚園」における真の子どもの保育の見解によって、その高尚な召命のために婦人界を教育しようとしたのである。幼稚園は新しい人類の向上教育に個別的に活動するべきではなく、むしろ内的で相互に活気を起こさせる交流のなかで総合的に活動すべきであったのである。

フレーベルは、一八四二年から未刊の原稿のなかで「幼稚園の意義と本質一般についてを、とりわけドイツ幼稚園の本質と意義を」詳述した。この論考の執筆の際、フレーベルはいわば高い所に立っていた。彼は、広く祖国ドイツに関する将来の喜びを見通し、またバルト海の位置からアルプス周辺までの至る所で、どの町でも、どの共同体でも、教会と学校のそばに彼の幼稚園が建つのを見ていた。もちろん、ささやかながら、非常にささやかながら相当数が設立された。ただ、それらは空地に在り、時には悪天候のために陽が射さない曇った場所に在って、かつてはいつも一部屋であっただけでなく、しばしば「ただ納屋や倉庫」から成っていた。しかし、何が損なわれたのであろうか。人間は、少なくとも「そのすべての魂をもって、すべての存在と慣れ親しんでいる生活の場」を必要とする。フレーベルは、共同体の中央には幼稚園があり、その場のあちこちで真の幼児保育の神聖なものに基づいて腕に幼児を抱く母を心のなかに見ている。「子守の少女や女性、年長の姉妹、そして他に子どもの世話をゆだねられた人」すべてが、ここの幼稚園でどのように幼い子を正しく扱い、また保育しなくてはならないかを見聞するためにやってくる。そのような生き生きとした直観の時間は、底の知れた教育的著作を通読するよりもはるかに役に立つのである。経験は交換され、毎日新しい観察が行われ、そしてそれがドイツ婦人界の普遍的に善い最初の人間教育のための関心と理解になるのである。――それが、フレーベルが生き返らせようとした幼稚園であったし、そのために彼は人生の終わりまで根気強く闘ったのである。すなわち、共同体のすべての幼児教育のための原点は彼の幼稚園でなくてはならなかったのである――我々は、今日でもこの理念にまだ到達していないのである。

そのような幼稚園の設立をドイツの地方の至る所で提案するために、フレーベルは数多くの旅を試みた。一八四四年六月、彼は差し当たりドイツ西部に向かった。彼は、ハイデルベルク、ダルムシュタット、ケルン、シュトゥットガルト、ガイスブルク、オストホーフェン、インゲルハイムなどに滞在し、フランクフルトには最も長く滞在した。彼は、大小の集まりでの無数の講演によって、また託児所における彼の作業方法の実演や影響力の強い人物たちとの個人的な交流などのすべてによって、幼稚園の設立のきっかけとなることを試みた。彼はあちこちで十分成功したが、しかし成果は総じて予想からは遠いままに留まっていた。それゆえ、一八四四年一一月一六日に、フレーベルはフランクフルト・アム・マインからカイルハウの支援者たちに、ミッデンドルフ、バーロップ、そしてコールなどすべてに手紙を書いた。すなわち、「すべてを十分に考慮して明確に述べる……この五ヶ月間の私の重要な旅の最終結果として、次の三つの事実がある。また、私はこの時期に共通する我々の経験を天の不動の星のようだと言いたい。

一．深い根拠のある思想の真理の完全に一貫した承認、我々によって主張された人間の教育、特に幼児の活動方法の理念。今まで明らかにされてきたことや語られたこととは反対に、すべてが個々においてすでに

影のなかで見えなくなり、ますます消えつつある。それにも拘わらず、

二．個々の力のなさ、勇気のなさ、また意思のなさ、そしてすべての共同そのものと、人間と方法や手順に関する欠点、すなわち特に本来の共同の目的と目標に対する個々の統一の欠如についての確信が、直ぐに真の実行という事態とならなくてはいけない。それは、最高の生命の方向としての認識そのものの実現と、また表現のための方法と条件に関する不足に、外の至る所で十分に立ち向かうことである。――しかし、そこでは今やまた個々における外的な方法の導入と、全体の実現に向けた外的な条件の保証の実際的な運用が明らかになり、さらにはまたそのような緩慢なものや内部での集まり（例えばハンブルクでのシュナイダー、ザクセンハウゼンのヴォルフなどによる）が、すべて至る所でほとんど例外なく――すべてがそれによって共通の有益な共同作業を損なったのである。誰もが自分のためにその方法でブドウからワインを搾り出した。――しかし、生命がみずからの内に持っている多くの新しい植物のための実を無用なものとして殻とともに放棄した。誰もが、まさにより広い存続と継続教育のために無頓着であり、自分が持っていない理念から、その方法とその有用さを押しつけている（このことがほとんど一貫して言われ――まさに、誰もがそれを非難し、それどころか他者さえも非難した――）。今も、次のようなままに留まっている。

三．事実、主な成果、すなわち所期の目的の達成である理念の表現は、ただ我々の共同の手の内に、ただ我々の統一された意志の内に、ただ我々の共同の力の内にあり、したがって思想の純粋な実現は、我々とともに浮ぶか沈むか、あるいは上昇するか下降するかなのである。しかし、我々の内で、またみずからのもとで崩壊し、そして私が個別化され、また孤立すれば、理念の純粋な実現という全体は、そのように私の意志、

私の気力、私の行動力と充実が高まったものとして、明らかに明白な表現の全体が全体として私の上や私の内に独り安らぐであろうし、あるいは個別化されればばらばらになった力として、私の力の貪欲さによって沈み、落ちるであろう。そのように、全体は味方なのである。神は、あらゆる精神的なものの統一に関する私の信念を確保することによって、最初のものを与え、また最後のものを避けたのである」。

当時、フレーベルは重苦しい月日を過ごしていた。彼のブランケンブルクの取引は悪化していた。債権者は支払いを強く求め、今にも請求に法的措置を取りそうであったし――また彼が多大な期待をかけた取引は、フランクフルトでは至る所で敵意と無関心が彼に立ち向かった。学校の指導者はフレーベルの幼稚園に反対意見を表明し、人々は悪意ある誹謗中傷を広めた。カイルハウの支援者たちはフレーベルから離れそうで、それゆえ今や彼が全く独りで教育的試みに留まっていたようであった。――この苦境に、フレーベルはこれまでより「理念」に強く執着した。彼は、一八四四年一二月一九日当時、カイルハウに向けて次のように書いている。「私が望み、また追求した真理が、あらゆる方面で深く根付いた根拠ある真理とすべてに浸透した真理によって、私自身・支えがたった一つだけ私に残った。そしてそのように、私は精神の真理をしっかりと捉え、それが私と我々すべてを自由にするであろう。私自身の自我においては、私を世界のすべてから離れさせたと感じ、また扱い易いと気づいた。私は神的な精神として認識しなければならない精神に、これまで私を育て、支え、導き、指示してきたものを、私の内の私自身の精神と生活にしっかりと結びつけた」。しかし、カイルハウの支援者たちは彼を離さなかった。それゆえ、フレーベルは遊戯教材と作業教材の販売取引の協定を結んだ後の一八四五年一月二七日に旅をした。彼は、フランクフルトを離れてアイゼナハとゴータを通り、カイルハウに戻ってきた。フレーベルによって世界的な評判を手に入れた静かな小村は、かつて彼が騒々しい世界に敵対して嫌気がさした時も、いつも決まって彼に平和と内的な平静を与えたのであった。

フランクフルトでは、そこでまだ現実のものとできなかった新しい考えが彼に浮かび、今やその実現を実際カイルハウで着手した。それは「教育協会」を設立するという考えであり、それによって彼の理念を国民のより幅広い層に届けることであった。一八四五年二月に、彼はみずから「ドイツの人々に、特に父親たちに呼びかける声明」を用いて、彼らに「教育協会」の形成を求めた。間もなくアイヒフェルト、シュヴァルツァ、オールラのノイシュタット、ドレスデンなどで、そのような「教育協会」が形成された。最後のドレスデンでは、一八四五年四月にフレーベルによって、彼がフランケンベルクの結婚のためにドレスデンに向けて旅した数日間に組織化された。

同年一一月、フレーベルは説教者で学校監督のヴェプケから招待され、トルガウの付近のアンナブルクへ旅をした。そこで彼は数週間滞在し、そして幼稚園の設立に道を開いた。彼は、一八四五年のクリスマスをマグデブルクで過ごし、そこで一人の支援する友人ウルリヒ牧師を見出した。この旅の成果として、フレーベル自身が著しているように、「エルベ、ザーレそしてエルスター地域」のなかで、一八四六年一月の初めにカイルハウで始まった子どもの指導者たちのための次の教育講座に、この地域からの多くの若い乙女たちが参加したことが見受けられた。

フレーベルは、この彼の「伝道旅行」のより多くの成果から、彼が旅のあいだに（ヴィッテンベルクで）、ロッフェのミュンスター在住のドイツ人牧師ルドルフ・シュトースによる未知の著作『キリスト教共和国の本来の小学校としての、文書による幼稚園』（一八四五年にベルンでC・フィッシャーのもとで出版された）を知るに至り、そのことを数回にわたって述べている。その著作は、フレーベルが考える幼稚園の問題にとって非常に重要なものなのである。なぜなら、「それは第一に外国で、スイスで、そして私には全く未知の人々によって、まさにそのような場所で書かれたものである。第二に、私にとってなお重要なことは、それは考察に、また理論的にだけでなく、直接実行し使用するために――スイスの――全土の大きな社会の主題を提示しているからであり、それゆえ、後者の関係において、今や私は我々ドイツの共同体と政庁がこの小冊子から学ぶことを願うのである」と、フレーベルは言っているのである。

継続教育の講座が夏の半ばで終わった後、フレーベルは彼の理念の普及のためにふたたびより大規模な旅行を試みた。正確に言えば、ザクセンへ、とりわけヴォークトラントへ向けてであった。その後、彼は一八四六年一一月八日にまたカイルハウを訪れ、翌日にはすでに幼稚園女性教員のための教育と教授の新しい講座を開始したのであった。

フレーベルは、彼の理念の普及のために、不撓不屈の活動を行った。無数の場所で種がすでにまかれ、多くの施設がすでに彼の精神のもとに活動した。一八四七年初頭、フレーベルは心からの喜びを確言することができた。「今やフランクフルト・アム・マイン、ホムブルク、ゴータ、アンナブルク、クエッツ、リューネン、ドレスデンの七つの実際の幼稚園が、いずれも様々な業績と成果があると、その事実に関して言えるのである」。それに加えて、彼はなお託児所についてすべての方向に乗り出した。当時、すでに女生徒たちが、彼による意向のなかで活動していた。したがって、託児所がそのように名乗らなかったのは、幼稚園に向けての問題でもあった。すなわち、それはダルムシュタット（イーダ・ゼーレ）、ヒルトブルクハウゼン、コーブルク、ザールフェルト、ニーダーリンゲルハイム、ガイスブルクなどの場合である。

我々は、フレーベルがすでに一八四七年六月にまた旅に出たことを見出すのである。彼は六月九日には、教区監督官シュナイダーが「ルター幼稚園」を設立して、フレーベルをその落成式に招待したエルツ山地のマリーエンベルクにいた。さらに、我々は彼がハレとクエッツで長い時を過ごしたことを知る。そこでは、七月二五日ヒルデンハーゲン牧師が教会献納の際に多くの教育者や女性教師たちの臨席のもとで、周囲からおよそ一五〇〇人の子どもたちの参加する子どもと若者の遊戯祭が催され、それはまた報道によって何度か論評された。フレーベルは、この催しを喜んだのであった。

その後、八月の初めにフレーベルはマクデブルク、ブラウンシュヴァイク、そしてハノーヴァーを通ってブレーメンを旅したが、そこには彼は短期間だけ滞在した。八月の終わりには、彼がすでにまたアイゼナハとゴータにいたことを、我々は見出すのである。アイゼナハでは一八四七年八月二三日と二四日当日に、大規模なチューリンゲン合唱祭が開催されていた。同月二五日にフレーベルはアイゼナハの広い市庁舎のホールで、「選ばれた有力者の聴衆」を前にして、彼自身も多くの成果を期待する講演を行った。九月九日、彼はカイルハウに戻ったのであった。

フレーベルは、その後一八四八年五月にザクセンへの短い旅をし、ライプツィヒ、オシャッツ、ドレスデン、ビショフスヴェルダ、そしてバウツェンに滞在した。その際、主にザクセンの小学校教師たちとより親密な関係になったので、フレーベルの幼稚園に大きな興味を持たせたのである。実際、当時オシャッツにおけるザクセンとチューリンゲンの教員集会で、ザクセン、マイニンゲン、コーブルク政庁が公費で幼稚園をそれぞれの地に設立するように要求することが決議として採択された。それに関して、フレーベルは一八四八年五月二九日にルイゼ・レヴィンに宛てて書いている。すなわち、「ザクセンでは小学校教師の問題は省のもとにあるので、疑いなくすべての教師陣の要求が実現されるであろう……発展はそのように前進し、それゆえ私は来年には何百人かの幼稚園女性教師たちを要求する」と。――六月一六日のフレーベルの手書きの遺稿には、その日々の彼の感覚と感情を表す美しい記録が見出せる。すなわち、「ドイツの婦人たちに」という草稿のなかで、フレーベルは「今しがた教育の旅からまた独り私の静かな（カイルハウの）部屋に戻り、明るい満月の光と明け始める夜のなかに私は座って、つい最近までの過ぎた日々の隆盛と結実について、その結果を沈思黙考している」と書いている。それに関して男女両性が人類のより高い発展のために手と手を携えて活動するならば、その時にのみ新しい時代の明けの明星が昇り得るということ、それに関しては彼にはいつも明らかなのである。とりわけ、教育を支援することが必要であって、フレーベルは次のように続けている。「高貴なドイツの女性たちを支援しなさい。そのために、また実際私にも強力で抗しがたく、それでもしかしまた喜ばしく導かれた巡り合わせによって、この要件と方法における先駆者や祖述者へと押し出されたのである。なぜなら、私が私の性・男性の少なくとも大半の支援なしにはそれを実現できないように、子どもたちと人類の育成は永遠の内的な統一と男女両性の神のおぼし召しの実現にあるという信念を私と分かち合うのでなくては、私もまた達成できないのである」。

一八四八年当時、ドイツにおいてはあらゆる希望が目覚めた。人は、新しい偉大な時代を待望した。フレーベルはとりわけこの希望に心酔した。彼によって教師と教育家の大きな集会が催され、それにより次の集会で講演が行われた。それはこの希望から生まれ、またそのことが「新しい国家」における幼稚園の問題に勝利を獲得させるはずであった。

その後、フレーベルは一八四八年一〇月から彼が幼稚園女性教員の専門教育講座を催すべくドレスデンにいた。四〇名以上の男女の学生たちが、すなわち未婚女性たちと婦人たち、女性教師たちと女性教育家たち、若者たちと成人たち、男性教師たちと父親たちがそこの彼のもとに集まった。講座は、一八四九年四月の終わりまで続いた。フレーベルは今度はまたカイルハウに戻るのではなく、チューリンゲンの森の山腹のバート・リーベンシュタインに足場を固めることに成功し、そしてそこで彼は「幅広く、まさに全面的に構成された教育の試み」を基礎づけ、仕上げようとしたのである。

二二．ルードルシュタットでの教師と教育者の集会

フレーベルは、彼の様々な旅を通じて、五〇年代半ばに当時有力に発展した国民学校教員組合、とりわけザクセンとチューリンゲンの国民学校教員組合と頻繁に接触した。一八四八年からドイツ革命が進行していて、渇望や希望に満ちた騒然とした年であった。また、当時ドイツの国民学校教員たちのなかには、暴力的な空気が渦巻いていた。三つの決定的な出来事があり、それについてエドゥアルト・シュプランガーはそれらがその当時のドイツ教員組合の学校政策を特定の路線に導いたと注意深く述べている。すなわち、「ひとつには、多くのペスタロッチ生誕百年祭の式典が、すでに一八四五年にドイツの全土であり、とりわけ一八四六年が実際にきっかけとなった。この記念祭の支配的な理念は、自発性、道徳性、人間の尊厳であった。次には、一八四八年の運動は、自由主義の古い主張が根本的な力を伴って活発にさせたし、また最後はフランクフルト国民議会が、『ドイツ国民の基本法』の案文に、該当する四条項の教育制度を取り入れた。……

この時期に、ドイツの進歩的な教員組合の基本綱領が形成され、特にカトリックの諸地方においてであるが、それとともに多くの異なった意見と方針が表明された。これらの綱領は、五つの既定の要点に帰するのである。すなわち、①国立学校の要求、②授業法令の要求、③一般的な国民学校の要求、④共通の学校の要求、⑤国民学校教員の大学教育の要求である。

これらすべては、一七八九年時代の自然法理論を基礎に公式化されたような自由主義の根本思想の一貫した継続教育にすぎないのである」。

幼稚園の思想は、当時すでにドイツの教員組合の意識のなかに非常に深く入り込んでいたため、あちこちで――例えば「第二回全ザクセン教員集会」で――幼稚園は普遍的な国民教育の必要な構成要素として表明されたけれども、この集会のために一定の綱領が必要であったのである。すなわち、「全国民教育は、人間としてまた公民としての共通の使命のために、とりわけ職業の技術のために国民すべての未成年の構成員を教育する就学前教育を含むのである。それゆえ、国民教育は全般的な部分のための教育施設と特別な部分のための教育施設において行われるのである。全般的な国民教育施設は、①幼稚園（六歳まで）、②児童学校（六歳から一四歳まで）、③青年学校（一四歳から一七歳まで）、④継続教育団体（一七歳から二一歳まで）」である。

幼稚園を全ドイツの学校制度において（ザクセンにおいてだけでなく）、その立場を与えることは、フレーベルが最も熱心に尽力したことであった。それゆえ、彼は近くにいたすべての支援者たちと女生徒たちのすべてを、フランクフルトのドイツ国民議会に詳細な試みに基づく幼稚園を全般的に導入することを願い出ることのできたドイツの教師と教育者の大会に向けて、大規模な力強い表明のためにルードルシュタットに招集したのである。

一八四八年八月一七日から一九日まで、ルードルシュタットへのフレーベルの招きにおよそ三〇〇人が、すなわち教師と聖職者、教育者と幼稚園教員、母親たちと民衆の友が集まったのである。彼らは市民から好意的に受け入れられ、フレーベルは全員のための宿舎の面倒をみた。しかし、出席した全員がフレーベルの無条件の信奉者に数えられたわけではなかった。そのなかの多くは、フレーベルの幼稚園の事柄にほとんど無知であったし、他はフレーベルの熱心な試みに懐疑的な態度を取った。それゆえ、フレーベルの支援者たちには、その日は宣伝されたように、何か不安であった。人々は、フレーベルの話し方と彼の激しさを知ったのであった。遊戯には問題が多くあった。なぜなら、もし集会がフレーベルの理念を拒絶したならば、数年からおそらく一〇年間にわたった幼稚園の分野の継続的な発展が危険にさらされ、その時に大変美しく花開いた種子は滅びたであろうからである。

八月一七日、最初に予備協議が行われ、そこで業務を管理する執行部が選ばれた。執行部は、議長としてザルツンゲン出身のロマー博士と、その代理人にライプツィヒ出身でザクセンの学校新聞の編集者ユリウス・ケエール、そして八人の書記係から構成されていて、ミッデンドルフもそこに属していた。引き続き、次の主要な討議の議事日程が決められた。

この討議は、八月一八日の早朝八時に騎士の宿の広いホールで始まった。ルードルシュタットの市民グループは、ホールの扉の前に護衛を配置した。業務を管理する執行部は、花と観葉植物を演壇に飾った。ホールと回廊は最後部の席まで埋まった。共通の歌で一日が始まり、それから座長が大会の開始を表明し、またフレーベルの幼稚園にこの新しい基盤を与えることができるかどうかを試みるために、また今ある教育のために新しい基盤が必要であることを、そこに集まった出席者に確認した。――それから、彼はフレーベルに彼の理念を表明する機会を与えた。集会は緊張をもって彼に視線を集め、前の週の興奮とこの時間の歴史的に大きな意味の意識のすべてがともに働いた。すなわち、フレーベルは話し始めるに先立って身を起こし、両手を頭に添えなければならなかった。そして、人々はその瞬間をひどく心配したが、親密な様子に見えた。――しかし、彼は次の瞬間にただ頭をまっすぐ起こし、話し始めた。彼の言葉は力強く響き、その目は輝いていた。彼は聴衆に彼の方式をおおまかな流れで披露した。それから、彼は小さな少女を腕に抱き、そこで遊戯が行われるに違いなかった様々な彼の作業教材のある机にその母親とともに導いた。すなわち、それは子どもを育てる家族の生活の肖像であった。――その後、数人の幼稚園教員たちにより年長の子どもたちがホールで歌を指揮された。この遊戯を通じて、フレーベルは大会を家族の生活から共同体の、公の生活に導こうとした。もしフレーベルが遊戯を大会に結びつけた意味のすべてが完全に明らかにならなかったならば、大会にそのようなある種の満足感が残ったであろうか。そうして午前中が過ぎた。八月一八日の午後には、「草地」で自由に遊戯が続けられた。訪問者の群れは活力があった。実際、彼らは大部分が間もなく退屈と不機嫌を感じ、さらに願いが述べられた。ミッデンドルフは、子どもの集団に入りたがったけれども、問題を引き受けた。しかし、それは自制した。この遊戯についての多種多様なあざけりの発言が聞こえ、フレーベルはひどく動揺し、激昂した。また、それ自体すべてを忘却したようにも見えた。それゆえ、支援者たちにとって午後の幼稚園の問題は、まさに不愉快で気まずいものであった。

八月一九日の土曜日の早朝八時には、騎士の宿のホールで話し合いが継続された。開始一時間前にはすでにホールは満席となり、そして至る所でフレーベルに対する賛否の熱心な討議集団が形成された。それは重苦しい八月の日であり、誰もが熱い闘いがあったように感じた。最初の話者は、可能な限りの一貫した学校の準備が示される限り、確かにすべての出席者たちは幼稚園の必要性について納得するであろうと述べた。しかし、昨日の光景は、人が期待すべきものにふさわしくなかったであろう。フレーベルは、強く主観的な個性であろうとも、それに応じた教育の活動をみずから形成したのである。話者が考えたすべての世代は、幼稚園の実践を単純化するために、また数学的なものと哲学的なものによる象徴化を救い出そうとした。――フレーベルはたびたびの拍手のもとで異議に反論し、彼の教育方法が自然法則と同様にキリスト教ともまた調和しており、それゆえ彼の教育方法は簡潔であろうし、子どもの発達にふさわしいということを示したのである。ドレスデンから来た若い教師はそれについて発言し、次のように述べた。フレーベルは、我々の前に主役として、じっと耐え忍ぶ人や父として立っている。我々は彼を究極の呼称の父と呼びたい。彼の案件は豊かな泉のようであり、我々はそこから創造する多くのことを持つが、しかし彼が提供するものはまだ解決を必要とする。フレーベルは、まだすべてに正しく納得のいく形式を与えたわけではなく、彼は幼稚園の創造者であって、その形成者ではないのである。幼稚園は修正と、私には不明瞭であるが、彼が体系と名付けた哲学をまだ非常に必要としている。我々は幼児たちの共同生活のための体系を少しも望まないし、総じてフレーベルの幼稚園の哲学のようなものは、私をぞっとさせる。――すると、フレーベルは激昂した。彼の顔は怒りで赤くなり、彼を理解せず理解しようともしないような者からの「父」の命名を鋭い言葉で断った。彼の体系は明確であり、彼の哲学はだれにも分かり易いであろう。それらは、大いなる宇宙の連関を認識するものであって、その連関に基づく法則なのである。実際、この法則に従って、幼児は確かに導かれなければならないのである。なぜなら、子どもは大きな全体の一部だからである。幼稚園の遊戯には世界の真実が根底にあり、それゆえ遊戯は子どもの本性に即した発達にふさわしく、またそれゆえ子どもはこの遊戯を通じて正しい人生の道に導かれるのである。――大会では絶えず新しい異論が出されたが、しかし案件の支援者たちもまた立ち上がった。そのように、行ったり来たりという調子であった。そして、この日を目掛けてすべての偏見が始まったように見えた。フレーベルの論調はまだそれほど鋭く、また激しくはなかったが、実際フレーベルは依然として不撓不屈の訂正と説明を行ったので、敵対的な攻撃は次第に弱まった。長時間の闘いの後、最終的にシュマルカルテン出身のハビッヒ教区監督官は、たとえ理性がフレーベルの提案する個々についてけちをつけたとしても、しかし案件の全体に共感する心情は疑いないであろうと、彼が述べながら決着をつけた。「それで」、威厳のある聖職者が「個々においてよりよく理解できるなら、実際心情から全体を理解する。」と締めくくった。最終的にこの意見が通り、そしてドイツ政府を通じて「幼稚園の理念を導入するために真摯に検討すること、また幼稚園教員の教育と同様に、フレーベルの豊富な教材を幼稚園の基礎として十分に使用すること、またそのために必要な資金を援助すること」を要求すべしという動議が多数の賛成で採択された。――それから、フリードリヒ・フレーベルへのとどろく歓声とともに、大会は終わった。――その後、ルードルシュタットの教師集会の委託を受けて、ロマー博士とユリウス・ケェールによって「ドイツ政府とフランクフルト議会に」大規模な請願が発せられ、あらゆる方面にわたる幼稚園問題の助成が要求されたのであった。

フレーベルの案件は、勝利したのである。幼稚園の理念はその頃さらに広範囲な教師集会で討議され、種子が見事に開花したように見えた。とたんに、また幼稚園問題の好ましい発展の継続を妨げる政治的な急変が生じた。マルメの停戦（一八四八年八月二六日）とそれに同調するフランクフルトの議会の態度表明によって、フランクフルトの大会が根本において実際の効力を持っていないことが明らかになり、議会の威信はそれによって非常に損なわれた。一八四九年四月三日、プロイセン国王フリードリヒ・ヴィルヘルム四世がこの国民議会の手からドイツの帝冠を引き受けることを拒否し、そして五月一〇日に大臣ガーゲルンが解任された後に、フランクフルト議会の歴史的役割は幕を閉じた。この国民議会において、ドイツ国民の大きな希望は実現しなかった。フランクフルト議会はドイツの統一も、そのように激しく熱望された自由ももたらさなかった。——激しい傍若無人な反動が始まり、すべての芽生えと革新は抑圧された。フレーベルの幼稚園も、我々がこれからまだ見るように、それが原因で打撃を受け、またそれによって存在がひどく脅かされたのである。

二三．リーベンシュタインとマリーエンタールでの「全面的な生命の合一のための施設」

一八四八年から一八四九年にかけての冬に、フレーベルは幼稚園女性教員の養成専門教育講座をドレスデンで開催した。さらに五月の初めに、彼はその地で「発展的、教育的な人間陶冶を通して全面的な生命の合一のための」包括的な施設を創設するために、リーベンシュタインに移住した。かつて、彼は次のように書いている。「私にとって、それは単に我々が共通して主張する子どもたちの指導方法と遊戯の方法や作業方法の認識、認知、応用に関わる問題だけでなく、むしろ優越する限りない多くの高尚なものについての認識、認知、養成専門教育を巡る全体的な生命の発展、人間性の発展、精神の発展に関わる問題であり、認識や認知とみずから発見して精神を意識する自由な行為と、純粋に人間的で信頼される……行為と同様の簡潔な公表に関わる問題である。それは、そのような非の打ち所がなく曇りのない、純粋で人間的な精神の合一と、そして真に高尚な人間の関心における精神を通じての全体としての人間性の最高の関心である。また、それは全体の一部分としてのそれぞれの個々としての関心であり、創出され表現された活動のなかで自由に統一された相互に信用ある統合と、開放性における表現の発露と表現の関心である。それは、すべての相互的な自己を担保に入れることなく――ただ内的な真の人間的な意欲、活動、行為の絶対な真理を支えるものであり――現在の世界史的発展のすべての新しい段階で人類が必要とするものであって、我々の精神と真理における生命の合一のなかで、生命の合一を通して、真理の精神に与えるべきものなのである。このことを世界に提供するために、この合一を自分の生き方によって明らかにすることが我々の世界史的な召命であり、そのために我々のだれもが召命そのものによって、既存のものではなく、授かり認識され認知された個性を効果あるものとしなければならない。精神におけるこの純粋で自由活発な生命の合一の実現と表現は、また真理の精神によってすべてが達成され、そして存在しまた存在するすべてのものは今や常にただ時代が要求し必要とするすべてのものを、認められ支柱となるものを、すべて提供するのである……全体としての生命は、私の内で新しい発展段階を獲得したのである」。

これは、フレーベルがリーベンシュタインで実現しようとした理念であった。彼は、マイニンゲン公にリーベンシュタインの近くのマリーエンタールの小城を譲渡するように乞うた。五月の初旬になっても、公爵からの返事がまだ届かなかったので、その間に新しく設立されるであろう教育施設に入ろうとした女生徒たちが実際に到着し、フレーベルは彼の施設を当面バート・リーベンシュタインで開始した。保養所の管理者のミュラー夫人は、この目的のために彼女の僅かな所有物である二・三の部屋を彼に提供した。フレーベルの親族ヘンリエッテ・ブライマンは、そこでまず家庭的な設備を切り盛りした。そして一八四九年七月に、フレーベルの初期の生徒でそれまでレンドゥスブルクで働いていたルイゼ・レヴィンがリーベンシュタインに到着し、ヘンリエッテ・ブライマンと少なくない家事を分担した。そのため施設に住んでいたすべての女生徒たちの数はますます増えたのであった。

当時、フレーベルはリーベンシュタインの湯治客で、彼の理念が発展し続けるために大きな意味を持つことになった二人の人物たちと親密になった。すなわち、マーレンホルツ・ビューロー・ベルタ男爵夫人と有名な教育者アドルフ・ディースターヴェークである。

一八四九年一一月はじめ、フレーベルはハンブルクでの「ドイツ婦人協会」の招待に応じ、ハンザ同盟都市で富裕層が彼による尽力中の教育に関する講演を催した。毎週開催された講演に、常に様々な生活層から百人以上の男女が出席した。さらに、フレーベルは幼稚園女性教員たちのために完全な養成教育の講座を整備した。講座は毎日彼に時間を取らせたが、講座には二〇人の夫人や未婚女性が参加した。

まさに、ハンブルクでのフレーベルの最初の登場は、素晴らしい成果を意味した。フレーベルは、次のように講演をすることで、聴衆を大いに彼の理念の世界に導いた。すなわち、「思想としての小さな力が存在する。世界の法則の統一は、我々の精神によって認識しなければならない。すべては理念の担い手として理解しなければならず、どの人も理念によって自制されなければならないし、どの人も思想の実現のために形としての素材を認識しなければならない」。フレーベルがさらに講演したすべての生命の目的は、生きることそのものであった。真理の内に生きる、すなわちその内的な本質に従って存在し得る事物はどれも幸いである。人が人々を幸せにしようと欲するのであれば、彼らをその意味で生きるように学ばせなければならない。生ける者は、みずから発展しなければならない。発展は生であり、停滞は死である。無思慮な被造物において、発展は本性の必然性であるが、しかしそこに理性が現れる。それゆえ、その必然性は自由となる。なぜなら、人間はその固有の発展を阻止したり、要求し得るからである。だれにも邪魔されず発展する者は、幸せであり、自由である。この可能性を与えられている民族は、同様にその評価を得る。いずれの全体も個的存在から成り、人は全体を真に自由にしようと欲するならば、人はみずから発展するための可能性を個人に与えなければならない。この個人の自由化は、自由な発展の道を邪魔するすべての障害を取り除く教育によってのみ可能なのである。それが教育の最高の課題なのである。

ハンブルクでは、フレーベル自身は富裕層の誠実な支援者たちを得た。すなわち、後に彼の全集（一八六二年～一八六三年）の最初の編集者ヴィヒャルト・ランゲ、H・ホフマン、ドリス・リュッケンス夫人、旧姓フォン・コッセル及びその他の人々である。また、フレーベルは、ハンブルクにいた時に彼の理念をどこでも自由に首尾よく発揮することができなかったことを思って、その人々に後に謝した。彼の幼稚園は、ハンザ同盟都市で全く新しい形で受け容れられ、まもなくハンブルクでいくつも存在し、「市民幼稚園」となったのである。

その後、フレーベルは一八五〇年五月はじめに新しい幼稚園女性教員のための養成講座を開設するために、またリーベンシュタインにいた。実際また、一八四九年のクリスマスのあいだ、彼はルイゼ・レヴィンとともに祝祭を生徒たちのもとで過ごすために、リーベンシュタインに滞在していた。またその頃、彼はルイゼの甥で書籍出版業者マンフレット・レェナーに自分の事業や書籍出版の企画の管理を任せていた。すなわち、「幼児期と青少年期のための作業衝動の育成施設」や、また当時命名したような「作業施設の出版所」の管理である。

そうこうするうちに、マイニンゲン公はフレーベルの「発展的・教育的な人間陶冶を通して全面的な生命の合一のための施設」のために、リーベンシュタイン付近のマリーエンタールの狩猟用別邸を貸与した。フレーベルのハンブルク滞在のあいだ、ルイゼ・レヴィンは新しい家へ転居した。彼女は、ますます彼の老年期の支えと、また新しい教育施設の精神的支えとなった。マリーエンタールの養成講座への参加は、絶えず多くなった。遠近を問わずあらゆる所から、若い婦人と若い男性たちがフレーベルの教育方法を身につけるためにやってきた。至る所で、新しい「幼稚園」が生まれた。例えば、ゲッチンゲン、ニュールンベルク、シュマルカルデン、ゾンネベルク、ベルリン、バーデン・バーデン、ノルトハウゼンなどである。フレーベルによって育成された幼稚園女性教員たちは非常に需要があり、そして好ましい勤め先を見出した。フレーベルは、ますます注目され、公爵家の女性たちは彼に十分な信頼を送った。彼女たちは、しばしば彼と彼のマリーエンタールの施設を訪れた。公爵夫人は、それどころかルイゼ・レヴィンを通して、当時八歳の娘をフレーベルの方法で作業させたのであった。

一八五〇年一月から、フレーベルはヴィヒャルト・ランゲの協力のもとに新しい定期刊行誌、『フリードリヒ・フレーベル週刊誌。真の人間教育のすべての支援者たちのための統一誌』を出版した。この雑誌は、以前に出版された『日曜誌』の継続であると考えられた。新しい週刊誌の項目予定はフレーベルが書いた。すなわち、「新しい教育誌が出版された意図は、現実の要求と必要性があり、その必要性に対策を講じるという認識によってのみ生じた。この認識は、編集者の次の理由からである。すなわち、編集者は第一に、世界全体の直観と合一としての全生命の把握によってペスタロッチにより開拓された合自然的教育に、より深くより確かな基盤を極めて意識的に与えるべき時であるという信念を持っている。編集者はさらに、学校と家のあいだと、個人と公の生活とのあいだの隔たりをペスタロッチの体系に由来する幼稚園の理念の実現によって補うこと、そしてその目的のために遊戯の精神化と体系的な取り扱いの説明が公衆向けに必要であると、言うべき時であると信じている。第三に、最終的に内部から人間を真に自由にする有効な方法によって、教育そのもののために貢献するような母親たちの養成に共通の行動的な参加活動や教育著作に向けた願望が、編集者を駆り立てたのである。

編集者によって意図された定期刊行誌は、全般の部分で人類の醇化のためにその試みを鋭く、また明確に描こうとした。すなわち、以前の要求や提案の相違を明確に見せるということであった。これは雑誌のすべての部分のように、多くの読者のために、すべての教育の支援者のために、両親、教師そして幼稚園女性教員のために記されなければならないので、編集者はそのように応じ、雑誌の協力者と同じように課題と可能な限り民衆向けの形式を追求して保持したのである。また、このことはますます心情で把握しようとすることで、すべての体系のなかで外見上の考え方にこだわるように見せたのである。特に、定期刊行誌の最初の共通部分に、特集が続いている。その第一段では、各地や各方面からの報告が述べられ、そのなかに編集者の理念が根を下ろして具体化されている。この部分の第二段の頁は、課題に対する論考についての訴えや批評が扱われ、そこでは提案された問題が人類の教育一般と同様に関係するのである。第三の実践的な部分では、主として幼稚園女性教員の育成の目的のために、幼児の世界の作業のための新しい遊戯や新しい方法の叙述が行われるであろう。必要であれば、そこに目的に適った挿絵も添えられる。――若者たちのために相当数の芸術家の創作物の寄稿が示され、また教育の進展のためと同様に感情生活一般のために価値のある大小の文芸作品の刊行もあり、感謝されるに値する関心が第五の芸術的な部分を必要不可欠としているのである。それゆえ、それは図画、歌、作曲に広げられている。最後の第六の部分は、本質的なものである。それは「語りの広場」の表題を掲げ、この重要な問題に関する意見を当然どの教育支援者たちにも述べる機会を提供しなくてはならないのである」。

この定期刊行誌は、ただ五二号までが出版されている。一年間の後にはすでに、フレーベルはまた雑誌を発刊させなければならなかった。

一八五一年一〇月から、「全面的な生命の合一のために発達的、教育的な人間陶冶を行うためのフリードリヒ・フレーベルの試みのための定期刊行誌」という表題のもとに、全三頁から四頁の「週刊誌」が継続の方法として不定期の小冊子で出版された。この新しい雑誌の編集者は、ドレスデンのブルーノ・マルクアルト博士であった。それは「週刊誌」と同様に、バート・リーベンシュタインの「幼児の作業施設の出版所」で発行された。しかし、僅かその六号までが発行されただけで、その最後のものが一八五二年九月においてであった。編集者は、大きな期待を持って第一号に書いている。すなわち、「この雑誌は、すべての者のためにある同じ愛をもって第一歩を踏み出すであろう。つまり、本誌はすべてにおいて、よりよい真実の人間の教育に必要な感情を目覚めさせようとし、統一された決心に向けてすべてを燃え上がらせようとしている。すなわち、本誌は現在の世代と――我々が確信を持って望むように――今後の世代に教養と道徳の祝福を拓き獲得することを求めることによって、『さあ、われわれの子どもらに生きよう』ということが可能になるであろう。すなわち、それは精神の明晰さに基づいて、純粋に人間的で真に神的な生命の至福を得る心の教育のすべてを助けるであろう。フリードリヒ・フレーベルの教育方法の高尚な唯一不変の目標は、神の合一の言葉を伴うものである。こうするように導くために、フリードリヒ・フレーベルはか弱い子どもを年長者の愛の手で把握し、子どもを省みることの価値について無関心ではいられなかった。実際、外的な障害が知られることなくか弱い蕾にとどまっているならば、か弱い蕾をただ自由にしてやり、花開き、実をもたらし得るように、彼は自然から聞き取ったのである。……フリードリヒ・フレーベルの体系は今やすでに確証されており、それはいいかげんな空想ではなく、ゆるぎない土台、存在の統一、思想の統一、生命の統一、本質の統一の確かな認識の上に置かれたものである。それは自然すべてと人間すべてを包括するものであり、また神の命の息吹、神の光の輝き、神の愛の力に満ちたものであって、それは我々がドイツの神、キリストの父と名付けるものである。そしてそれゆえに、フリードリヒ・フレーベルの教育様式の方法と手段は、本性の陶治法則として確固で確実なものなのである。個々の発達の道は、人間性が大きく関係し、また本性を明らかにする陶治法則にある。子どもの段階的な発達のように、人間の本質に応じた教育の手段が幼稚園で用いられるのである。それらだけが、子どもがあらゆる方面にわたって常に進歩発展する能力を、そして心情において唯一の神的生命の予感を呼びさます能力を有するのである。この根本法則と試みが、機関誌としての本誌に働くであろう」と。

フレーベルの生徒たちと支援者の数はますます増加した。マリーエンタールは、志を同じくするすべての者たちのための真の中心地点となり、全面的な生命の合一のための真の源泉であった。フレーベルは、彼の家に夫人がいないことを非常につらく感じていた。彼に良き力となった女性の存在、すなわちルイゼ・レヴィンは、しかし彼の妻ではなかった。フレーベルは、施設における家事の取り仕切りをたびたび心配した。女生徒たちはルイゼをただ彼女たちと同等のように心得ていたし、またそれに加えてルイゼは、我々のフレーベルに妻が特に与え得るような身の回りの世話に関して多くのことをすることはできなかった。それゆえ、心から親密な絆を結ぼうというお互いの願望が芽生えるのはもっともなことであった。しかし、フレーベルの親族は強く異議を唱え、多くの障害を克服することが必要になったが、聖霊降臨祭の日に先立つ一八五一年六月九日に、ついに夫婦の絆が結ばれた。結婚式は、近くや遠くからの女生徒たちと親愛なる友人たちの一団のなかで祝われた。

ルイゼは後に回顧録で、彼女とフレーベルのあいだに花開いた内面的で精神的な関係について次のように述べている。「はじめは、フレーベルに依存するという子どもらしい尊敬をもって、私は彼に精神的に近づこうと常に努力した。そして、彼が常に持っていた弱さという限りない善さが私の自信を目覚めさせて育てた。私は彼と並んで身を置くことを敢行した。確かに私はいつも下から彼を高く見ていたけれども、しかし私は他の関係では彼の支えになり得たし、また私は彼が私の最善の存在であることに感謝した。フレーベルの年齢が私には不快でなかったし、私の眼には彼はどんな男性たちよりも高貴に見え、また彼のそばにいる自分を取るに足りないものであると、私は感じた。私の唯一の不安は、このフレーベルの年齢での並み外れた行動が彼の試みを損なうのではないかということであった。フレーベルが六九歳で、私は三六歳で結ばれたのである」。――数週間の愉快な安らぎが、新しい人生の伴侶のそばでフレーベルにもたらされた。彼は、彼女の愛と世話で幸せであった。その頃、彼に――晴天の稲妻のように――彼の幼稚園の禁止令がもたらされたのであった。

二四・幼稚園禁止令

それは一八五一年の八月の終わりであった。フレーベルの仲間が日曜の午後にちょうど集まっていて、またマーレンホルツ・ビューロー夫人も居合わせていた。そこに親しい保養客がリーベンシュタインからきて、驚くべき知らせをもたらした。彼は、つい今しがた『ベルリン報知』で全プロイセンに効力をもつフレーベルの幼稚園の禁止令を読んだのであった。フレーベルは、非常に落ち着いてみずから『ベルリン報知』を受け取り、そしてそのような追求が案件の吟味をただ提案するだけであって、スイスでもかって同様のことを経験し、それによって当時の彼の試みが輝いたため、それは善いことになるであろうと考えたのであった。

――『プロイセン官報』、『ベルリン報知』、『国民新聞』などに、一八五一年八月二三日に流布された政庁の幼稚園禁止令は、次のような内容であった。

Nの王国政庁へ

「本年五月二七日の報告に基づいて、我々は貴王国政庁から命令されたNにおけるフレーベル主義に基づいて設立されたいわゆる幼稚園の閉鎖を正しいとする。我々は、Nがここに同封した本年六月の幼稚園の指導の許可を願う申し立てを拒否するように回答することを貴王国政庁に指令する。同時に、我々は同様の私的施設の設立について将来時宜を得て厳正な統制を行うことを、貴王国政庁に勧告する。

一八五一年八月七日、ベルリンにて

宗教教育医療事務大臣

（署名）フォン・ラウマー

内務大臣

（署名）フォン・マントイフェル

エアフルトを除く全王国政庁に

（閲覧と留意のための写し）

カール・フレーベル著の仮綴じ本『女子大学と幼稚園……』から明らかであるように、幼稚園はフレーベルの社会主義体系の一部分を形成し、それは若者を無神論へと育成するものであると予測される。それゆえ、フレーベル主義や同様の主義に基づいて設立されている学校等は許認されない。

宗教教育医療事務大臣

（署名）フォン・ラウマー
内務大臣
（署名）フォン・マントイフェル

フレーベルは、禁止令の極めて恐ろしい影響を阻止するために、また彼の友人たちと支援者たちすべてを安心させるために、すでに一八五一年八月二五日のあいだに『村の新聞』に「説明」を出して、そのなかで彼は次のように述べた。

「今月二三日のプロイセンの国家指針と今月七日の大臣指令に基づいて、プロイセンにおけるフレーベル幼稚園は禁止されている。この禁止令の根拠は、添えられた大臣指令において自明であるけれども、その名前、人間、事柄、そして試みをカール・フレーベルとフリードリヒ・フレーベルのあいだで取り違えたことに由来しているので、それゆえ私は支援者たちに、またとりわけ私によって創立された幼稚園の指導者たちに、差し当たり根拠がない性急な推論の回避のために直ぐに通知せずにはいられない。すなわち、私は――創立に関する私の寄与と、このことに関する出版物を、王国の省に送った――その人間や試みの全くの取り違えは、私に説明の労を煩わせ、それに対応して禁止の撤回を願い出た――しかし、提出した文書は、私の試みの個人的な試練について願い出るためには十分でないと思われるに違いない。この申請の結果が判明するまで、私は友人たち、支援者たち、そして幼稚園の指導者たちが不安なく勝利のために、幼児のための根拠のある案件があらゆる面において人間的で真にキリスト教的であり、したがってまた歴史的であるように、みずからの内で深く宗教的であってほしいと願う。同時に、私は『村の新聞』の尊敬する編集部に、すでに私が以前の同紙の号で私がカール・フレーベルの行ったようなハンブルク大学の事件とは何の関係もないという決定的な説明を発表し、私の名前を署名したことの証明を付言することを、ここに要求する。

一八五一年八月二五日　バート・リーベンシュタイン近郊マリーエンタールにて

フリードリヒ・フレーベル」

村の新聞の編集部は、願いのあった説明の証明を付言した。フレーベルは、八月二七日に上記の彼が言及したプロイセンの省への請願書を提出した。しかし、九月二二日中までに、請願書で引き合いに出された根拠も、添付された出版物の認識もフレーベルに指示されることなく、ラウマーによって「詳細に検討された禁止令」がまた取り上げられたということが公表された。フレーベルによる彼の試みについての緊急に請願された個人的な査定は、大臣の返答において全く言及されなかったのである。

この重苦しい数週間に、マイニンゲンの政庁と公爵家がフレーベルに対して好意を保ったことは彼の慰めであり、そのように例えば九月九日に公爵夫人イーダは彼をザクセン・マイニンゲンの茶会に招待し、また九月一五日には公爵自身がフレーベルの謁見を受け入れ、その際にフレーベルはプロイセンの省に提出した請願書の写しを公爵に提出したのであった。

また、支援者たちも彼のもとを去らなかった。一八五一年九月二七日から二九日まで、彼らはバート・リーベンシュタインでの「教育者集会」に集まった。すなわち、ディースターヴェーク、ミッデンドルフ、レクトオール、レーラー、マルクアルト博士、ゲオルゲンス博士、ヘルマン・ポーシェ、ハインリヒ・ホフマン、フォン・マーレンホルツ・ビューロー夫人、ヘンリエッテ・ブライマン、また他の数々の聖職者や教師、幼稚園教員や民衆の友である。しかもさらに、ワイマールの国務大臣のヴィデンブルヒとマイニンゲン教会役員で督学官のペーター博士が集会に参加した。立ち入った審議の後、大会の「公式声明」が発表され、多くの新聞雑誌、例えば『ドイツに向けてのドイツのための通信員たち』では一八五一年の一〇月八日中に公表された。他の雑誌でも、次のような声明で問題とされた。

「一．フリードリヒ・フレーベルは、神によって子どもに与えられた天分と能力を発展的で教育的な人間形成の原理に従ってあらゆる面で目覚めさせることを意図している。二．この極めてすぐれた目的に従って、彼は次のことを達成している。①途切れない連続した体育的な訓練と運動遊戯による身体の四肢の十分な育成、②感覚の訓練、特に精神の、多様な方法の感覚的直観による形と色彩の感覚の訓練と、聴覚と歌やメロディーによるリズムとタクトのための音感と心情の訓練、③フレーベルが発明した遊戯恩物と作業教材を与えた一連の訓練による精神的な直観と認識の能力一般と同様に、子どもたちの活動と作業衝動の育成、④あらかじめ伝達された言葉による道徳的、宗教的な感情の示唆、また特にこの方法で陶冶され影響された女性教師による子どもの共同体を通じての心情の発達、⑤社交的な生活領域と愉快な遊戯での子どもたち相互の生活によって悪い習慣をやめさせ、子どもらしい徳を習慣づけること。

これとまた他の関係のすべてとフリードリヒ・フレーベルの試みには、正しい原理と目的にふさわしい方法を認識させる能力があるだけでなく、むしろ一方では中心思想が長い連続の教育学的試みの成果として、他方では実践的な教育学の深い基礎付けとして見られなければならないという確信を、我々は獲得するのである。つまり、家庭教育と同様に理にかなった支援と補完であり、またそれによって学校教育を本質的に必要とし、基礎づけるということである。とりわけ、教育学的理解と母や婦人の活動がそれによって高められるのである。要するに、いわゆる教育傾向のどの方法からも純粋な教育学的なものを自由で純粋に保持するフリードリヒ・フレーベルの試みと仕事は、実践的な教育学と同様に理論上の本質的前進として評価されなければならないということである」。一八五一年一〇月二〇日のワイマール新聞の小記事からはっきり読み取れるように、当時のワイマールの国務省が、幼稚園教員ドリス・ホルツアプフェルのワイマールでの幼稚園の継続を許したのは、おそらくこの集会の成果であったのである。

ザクセン王国政庁は、プロイセンの幼稚園禁止令に対して、少なくとも特定の範囲で正当と認めた。すなわち、一八五一年八月一九日の王国のドレスデン郡区指導部の指令の結果として、ドレスデンのヘルツ博士夫人はそのように彼女のドレスデンの幼稚園を閉鎖しなければならなかった。なぜなら、彼女は「民主主義的政党に所属していた」からである。

そのあいだにも、ラウマー大臣による幼稚園の個人的な査定の見解が示されなかったので、フレーベルはプロイセンの王フリードリヒ・ヴィルヘルム四世への直接の包括的な請願書を準備し、一八五一年一〇月三一日に出発した。この文書において、フレーベルは彼自身のことではなく、「子どもの名において」王に請願を依頼すること、そして彼の活動を検討させることを陳述したのであった。フレーベルは、彼の以前の著作からの一節に関連して、教育が常に宗教に基づかなくてはならないこと、彼は常にそれに賛成して開始せよとしていたことを証明した。もし彼がそれでも彼の幼稚園における実際の宗教教育を王に提示するのを思いとどまったのであれば、——外見上はそこから無神論の告発が生じたであろう——幼稚園の子どもたちは同じ世代の遊びの共同体のなかでのみ遊ばされるべきであり、それによってのみ子どもたちの能力を発展させることができるであろうし、それを通して人間的で公民的な徳が呼び覚まされるであろうということが、非常に重要なのである。彼は続ける。「子どもの問題は、全く政党に属させることができません。それゆえ、私の党派的な生活の内部も同様に無防備なのです。私は、私に関することを受け入れようとする人々を誰も締め出すことができないのです。なぜなら、どの政党のなかの子どもたちも正しい教育を必要とするからです。実際、幼稚園の問題は、保守的な政党によって拒否され、反対する党派がそれを受け入れ、またそれによって幼稚園の問題は党派問題への烙印を押される結果となるのです。もはや、幼稚園の問題は、それ自体における問題ではないのです。私の教育方法が有用と判断され、また真理一般を受け入れる心の準備とみなされるのであれば、さらにまた私の教育方法をだれもが真理として認識することが明らかになると、だれもが考えるのは当然なのです。我々の陛下、一人の七〇歳の老年の男が世間との関係を清算することを考えることで、個人的に陛下に乞うのではなく、実際子どもの名においてあなたにお願いしたのです。どうか、礼儀正しさや規範と宗教のための新しい人間教育の芽を踏みにじらないでください。あなたの強大な庇護のもとで、非常に重要な人間性の再生をもたらすことをはかどらせ、またそれに寄与できる芽を考えてみてください。どうか、子どもの問題が政党によって退廃に至ってしまうように導かないでください。子どもがその本来の幸福を妨げられずに幼稚園で見出せるようにさせてください。それと同時に、子どもが将来の生活の激しい闘いのために強くなるようにさせてください」。

しかし、この王に助けを求める声もまた効果なく、顧みられぬまま放置された。フリードリヒ・ヴィルヘルム四世は、文部大臣と内務省に事件における報告を行わせたが、しかしそれはただ一八五一年一二月二七日に「最高の指令によって」定められたこと、「十分な理由から生じ、保持されるべきものとしての」幼稚園禁止令という結果になったのである。

フレーベルは、禁止令自体よりも、彼が努力した請願の吟味が行われなかったことを悲しんだ。それゆえ、彼はその月にアメリカへ移住するという考えを真剣に抱いていた。彼の二度目の妻の兄弟がフィラデルフィアに住んでいた。フレーベルは移住のために彼と手紙での関係を持ったが、しかしアメリカからの返事が到着する前に、ルイゼが書いているようにフレーベルは「美しい故郷に呼び戻された」のだった。そのように、我々の祖国に屈辱が重ねられたようなままで、祖国の最高の子孫たちの一人で、その国民の醇化と若者の教育に全生涯を捧げた一人の理想主義者が、孤独でみじめに異郷の地で死すべきではなかったであろう。

当時の報道界は、フレーベルと彼の問題を暖かく引き受け、幼稚園禁止令を部分的には嘲笑し、部分的には本気で戦った。ここでは、フレーベルと幼稚園の二・三の弁護だけが引用されるであろう。

フレーベルは決して特定の政治的な党派には所属しなかったし、彼は一度も政治的に活動しなかった。彼の考えや企図のすべては、ただ教育とその改善にのみ捧げられた。それゆえ、その関連ではだれも彼と彼の本題を告発することはできなかった。――幼稚園に偏見を持たずに入った者やまた幼児の遊戯の様子を見物した者はだれも、そこでとにかく国やキリスト教に反対する何かに心を向けていたということを以前から完全に考えつかなくてはならないということに気づくであろう。もちろん、教義による講話は幼稚園では行われていない。実際、だれが六歳の子どものために、それを要求するであろうか。フレーベルは、福音主義教会の根本原理についての教科書の暗記による宗教教育を、したがって教理問答書の学習をまさに始めなかったことについて、彼が非難される必要があったのであろうか。——彼がキリスト教に基づく全体としての教育を知ろうとしたことは、しばしばその早期の著書で十分明確に表現しており、例えば「宗教に基づかないすべての教育は不毛である」とか、あるいは「キリストの宗教は神と人間のあいだの相互関係に尽くされる……それはすべての教育に通底する」と述べられている。それゆえ、フレーベルの教育実践は、およそ「キリスト教の教えに反する」として表すことは、適当ではないのである。

しかし、国民新聞が一八五一年九月四日に書いているように、フレーベル自身は彼の幼稚園によって無神論と社会主義の理念を広めようとしていると受け取られ、「まさにそのように彼は世界中で最も偏狭な頭脳の持ち主であるとされなければならなかった。なぜなら、その後彼はその目的の達成のために全く役に立たない方法を選んだとされたのである」。なぜならば、真の女性の感覚によって小さな子どもたちとともに作業に心を傾けるために魂を吹き込まれなければならなかった彼の女生徒たちが、まさに社会主義と無神論の理念の流布にふさわしい人格ではなかったことは、おそらくそれ以上もなく十分に明らかであったであろう。さらに、二歳から六歳の子どもたちに社会主義と無神論のために教育することを、どのように始めたかを述べることは困難である。

まさに、反対のことが幼稚園によって達成されていたのであり、禁止令の直前にプロイセンの督学官ボルマンは、マリーエンタールでの長い訪問の後に発刊された「保守的でキリスト教的な人々に属する」と言われる『チューリンゲン一般新聞』によって紹介された小記事を読んで、また彼はそのなかの他のことなどに、次のように述べたのであった。「フリードリヒ・フレーベルは、子どもたちを促し、子どもたちの形成を有意義に考察することによって、完成したものを破壊するのではなく、むしろ何か新しいものをそれから形成しなくてはならない場合、それを現にあるものから生じさせるのである。それがより反革命的であろうと考えられることは、なじまないのである。かつて私が子どもたちと一緒にいる当人を見た時に、私にはどうして彼を特定の面からの扇動家として、またそのように言うことができたのかが理解できなかった。実際、私はより長く彼と彼を導く理念を知れば知るほど、私にはいかなる嫌疑もますます不可解なものに思われた。もし誰かが、彼が破壊と革命を好む時代の悪魔によって誘惑された秘密を持っていると知ったとすれば、まさに彼のすべてはそれと正反対であるということが確定するのである。フレーベルが秩序や規則と有意義な深化を、子どもの心に存在する直観における習慣を育成し、彼によって示された方法における子どもの育成として、国民の傷の治癒をその課題としていることについて熱心に把握すべきであったことを、私は天にも地にも全く分かっていなかったのであろう」。

我々がこれまで見てきたように、フレーベルは人が彼と彼の甥のカール・フレーベルを取り違えたということによって幼稚園禁止令を説明している。一八五一年八月七日の大臣公布の文面は、そのことを証明していると思われる。それゆえ、人は今日までこの説明で満足した。しかし、それは私には問題を適切に表していると思われない。まさに、報告されたボルマンの発言から、それはすでに一八五一年八月初旬に、したがって幼稚園禁止令の出される前にすでに印刷されていたのであって、すなわち当時すでに人が特定の面からフレーベルを「扇動家」として呼んでいたということに由来するのである。おそらく、たまたまフレーベルの試みに熱中して急進的で革命的な人物が生まれたことは、それなりの理由がある。そのように、一八四九年ルイゼ・ディットマーによる「結婚の本質」に関する本が出版された。一八四九年一〇月に『愛国者』は、同書に関して次のように書いている。同書は「解放」に満ちており、また同書はその「解放」の中心に幼稚園についての論説を持ってきていた。少なくともその結論に、執筆者が革命的な目的のために幼稚園とフレーベルの理念を役立て、とりわけ幼稚園が同書のなかで「理性的、社会民主主義的な教育の最初の段階に不可欠なものとして」明記され、認められていた。――それゆえ、幼稚園の創立者としてのフリードリヒ・フレーベルが――むろん正しくないが――政庁筋では危険な扇動家として恐れられていて、不人気な幼稚園を抑圧するために最初に与えられた機会をまた利用したことは、全くあり得ないことではなかった。

前記の掲載されたプロイセンの省の公布は、まさにまた一八五一年八月七日に示したことにより、全般的な幼稚園の禁止が生まれた。Nの王国政庁は、フレーベルの幼稚園を閉鎖した。それゆえ、省はその措置を正当と認め、君主国のすべての幼稚園の閉鎖を命令した。これが本当の経過であった。したがって、フリードリヒとカール・フレーベルのあいだの人間の取り違えはほとんどあり得ることではなかったであろうし、フォン・ラウマー大臣がカール・フレーベルの本を読み、またその読書の結果として幼稚園を禁止したということによって、幼稚園禁止令が成立したというのではなかった。むしろ、禁止令は次のような事実に基づいている。すなわち、Nの幼稚園は所轄の政庁（したがって、まず省ではない）に嫌われ、またそれゆえその幼稚園の精神的な父がフリードリヒかカール・フレーベルであったかどうかは無頓着なその政庁によって閉鎖されたのであった。それから、省はこの措置を承認し、それを一般化した。その際、幼稚園が社会主義的な体系の一部を形成することを証明するためにカール・フレーベルの著作に関連づけたのであれば、省はその際にカール・フレーベルが幼稚園の創設者であるようには言わなかったであろうし、いずれにせよ全く何も言おうとしなかったであろう。むしろ、カール・フレーベルの著作に関連づけるかわりに、他の類似するものに関連づけることができたであろうし、同様に前に言及したルイゼ・ディットマーによる『結婚の本質』に関連づけて、「幼稚園が社会民主主義の体系」の構成要素を形成していたと、まさにそのような正当性を主張することができたであろう。

前述した省によって承認された幼稚園の閉鎖は、――私が断言できたように――今やノルトハウゼンでも起きた。ノルトハウゼンはエアフルト行政区域に属しており、それゆえ全般的な禁止令のもとでエアフルトの閉鎖が目立った。まさに、ノルトハウゼンの幼稚園が全般的な禁止令の原因になったことは偶然でなかった。ノルトハウゼンでは、幼稚園が「自由教団」によって設立された。実際、人は当時の生活で自由教団を望んでいた。とりわけ、ノルトハウゼンの自由教団は政庁にとっては目の上のこぶであった。なぜなら、そこには自由教団の創設者である有名な説教者エドゥアルト・バルツァーが滞在していた。バルツァーは、一八四七年の年頭にノルトハウゼンに最初の自由教団を設立した。一八五〇年には、すでにそれぞれ数々の自由教団をもつ七つの大きな区域、例えばケエーテン、マグデブルク、クゥエトリンブルク、ダルムシュタット、アルテンブルク、ハルベルシュタット、アシェルスレーベン、ベルンブルク、ヴァイセンフェルス、ツァイツなどがあった。――ところで、自由教団は理性的な教育を重視し、そしてそのためにフレーベルの合自然的な幼稚園教育学を第一の基礎として選んだ。政庁が、もし幼稚園を根絶したならば、極めて重要な点で自由教団の活動と発展を妨げることができたのである。それゆえ、国民新聞は一八五一年の九月四日に、「幼稚園の禁止令は、自由教団の主要な活動の禁止である」と、当然書くことができたのであった。自由教団で、とりわけ幼稚園教育を人目をひく方法で促進していたエドゥアルト・バルツァーは、みずから反論はしなかった。そのための証拠として、次のことのみが役に立つ。すなわち、一八五一年一月にバルツァーは、『自由教団の広場』という名の雑誌の刊行を始めた。雑誌は、「自由教団協会の年代記の項目があり、郊外の街（ノルトハウゼン）の公示を知らせる……」べきであった。この雑誌の第一号には――それはただ印刷全紙一六頁である――まさしく同誌の第一頁に、一月二〇日に四一人の子どもたちで開始されるであろうという、バルツァーの筆によるかなり長い「ノルトハウゼンの最初の幼稚園」に関する記事が見出される。バルツァーはこの記事で、その他の自由教団にもまたそのような幼稚園を設立することを要求している。同じ号には、さらにそれ以外にまだ「幼稚園の教師フリードリヒ・フレーベル」についての論説が見出されるのである。

ノルトハウゼンの例を模範として見出し、ヒュルトの自由教団が一八五一年の夏に同様に幼稚園を設立することを計画したが、しかし当地のプロテスタントの聖職者のうちで激しい抵抗が見られた。それどころか、一八五一年七月一一日にプロテスタントの教団の教会委員会が『ヒュルト日報』のなかで、この幼稚園に子どもたちを入れる両親を公然と戒めた告示を出した。これは、我々の前で演じられたそこでの子どもを巡る戦いの一部である。すなわち、どの信者組合も影響を受けやすい年少の子どもたちを必要としたのである。彼らは最も確実に彼らの精神のなかで子どもたちを育成できることを願ったからである。プロイセン政府は、このように幼稚園による州教会に対する被害を恐れたので、それゆえプロイセン政府は幼稚園を禁止したのである。

後に、プロイセン政府はこのことをまた隠し立てなく言葉で表現し、宗務省が政府に宛てて命令を出すことを、一八五二年三月一七日に『王国特別ベルリン新聞』が伝えている。「そのなかで、フリードリヒ・フレーベル、バルツァー、ミッデンドルフなどの著作から、自由教団の努力によって幼稚園の内的な関係が証明されている」。それゆえに、幼稚園の禁止令は実際には自由教団の制圧のための措置であったということが、確かであるとして受け入れられてよいのである。この戦いは、おそらく政府の信仰の不寛容に起因するだけでなく、同時に革命期の間のこの教団の中心人物の政治姿勢に、まさしくその原因があったのである。

二五．死と葬儀

フレーベルのすべての措置は、我々が見たように、効果がなかった。すなわち、幼稚園禁止令はプロイセンで存続したままであった。それに関する心労はフレーベルの生命力を消耗させた。彼は、病気がちになり始めた。彼の体は、確かにただ冷たく湿った早春の日々には耐えられないが、暖かい日が来れば直ぐまた回復すると、彼はみずから信じ込んだ。しかし、彼は自分の状態について思い違いをした。彼は、確かに一八五二年四月二一日に居住の郡で比較的元気な七〇歳の誕生日を祝ったし、聖霊降臨祭にはゴータの第四回全ドイツ教育集会の招待に応じたが――しかしそれが彼の最後の旅となったのであった。彼がマリーエンタールに帰った直後に、急に病気が発症し、それから彼はふたたび快復することはなかった。

一八五二年六月二一日の宵の六時から七時のあいだに、フレーベルは死去した。彼の妻、ミッデンドルフ、そして看護人が彼の臨終の際にその傍らにいた。フレーベルは安らかに永眠した――とミッデンドルフは伝えている——彼が自然を愛したように、自然はまたフレーベルに愛を示し、彼を「母のようにその腕のなかで息を引き取らせた」。フレーベルは子どものように死去したのである。それは、「実をつけた花が静かに落ちるようであった」。また後で、ミッデンドルフは彼の偉大な友の葬儀を我々に物語っている。すなわち、昼頃にシュヴァイナから子どもたちが花輪と花束を持ってやって来た。棺に二つの大きな樫の木の葉飾りと月桂冠が一つ置かれ、すべてが整えられた。遠方から徐々に遺族たちが到着した。「五時に教師たちが周囲から、多くの場所から、ザルツンゲンのようなところからもやってきて、全員がそろった。彼らは、棺の間近で感動的な宗教曲を歌った。それから、牧師も到着した時、葬列が動き始めた。ルイゼは一緒に墓地に行く気力がなかった。最後の最後まで、彼女は毅然とした態度を保ち続けていたが、しかし今や崩れ落ちたのであった。彼女は「私がまだここで彼を世話をしなければならないという、私の使命が果たされた」と、心痛の内で叫んだ。——モミの小枝で装飾された棺の馬車が動き出し、その後ろを牧師とミッデンドルフ、そしてルイゼの甥でマイニンゲンからやって来た出版業者レナーが歩いた。女生徒たちがその後に続き、さらにやってきた遺族たちのすべてがまたそれに続いた。空は雲で覆われ、ただ時折一条の太陽の光が差し込んだ。シュヴァイナの直前で、最初の雨滴が落ちてきた。またたく間に雷雲が生まれ、雷がとどろいた。アルテンシュタインを過ぎたところで暗く湧き立った雲から稲妻が光り、そして突然土砂降りの雨になり、雨が非常に強くなったので葬列は止まって物陰に入らなければならなかった。——やっと雨が弱まった後に、墓地への道を進めることができた。その土地の教会から鐘が今や鳴り始めた。葬列が墓に着くまで、雨は依然としてかすかに降っていた。そこで、悲しみに満ちた会葬者たちは、まさに荘厳な曲と内容の讃美歌「エルサレム、神の都よ」を歌いだした。それから、牧師のリュカート博士が故人に対する深い理解から感動的に弔辞を読み上げた。彼は、その際に祝福の言葉を述べた。すなわち、「今は亡き主に救いあれ――その精神は、その仕事から休み、またその活動はその後に続くと語っている。」「そう、」と、牧師は荘重な高らかな声で語り続けた。「その精神は彼に祝福を語っている。私ではなく、私の人格でもなく、牧師としての私でもなく、祝福を語り運命づけることができるのでもなく、むしろ我々は、我々の精神は、我々の意識は、この精神が彼の永遠と神のなかでの死の祝福にあずかったと感じる」。――その後、棺は埋葬され、花々が墓穴に沈められた。聖歌隊が宗教曲を歌いだした。そうこうするうちに空は次第に雲がなくなり、簡素な式典の上に明るく青く光り輝いた。そこで、ミッデンドルフは自分と出席している友人たちの気持ちを短い結びの言葉によって表さずにはいられなかった。そして、彼は、つい今しがたの経験を象徴的に示すすべてを、次のように述べた。「牧師の講話は、フレーベルが予見したことがすでに今始まっているということを示した。すなわち、承認はここから外へとさらに広がるであろう。――道すがらの嵐は、反論によって人生行路を歩んだフレーベルの全生涯を我々に思い浮かべさせた。暗い雲のなかの稲妻は、そのような方法で少なからぬ暗い心に光をきらめかせ、まさに救いとしての教育思想の稲妻の閃光が我々国民の闇夜に燃え上がっていることを示唆している。――我々にとって、どれほど辛く厳しい経過がもたらされたか、それを我々は厳し過ぎると考えず、今やこの短く汚い道を行くべきなのであろうか。あるいは、我々は人間の解放のための辛苦を彼に与え過ぎたとは考えず、平気で模倣せず、そして責任を押し付けることもなく、我々自身を隷属状態から救うために、またさらにそれによって他者の救済に寄与すべきなのであろうか。――男性と女性、父親と母親、若い男性と若い女性、少年と少女たちが、君がその精神に光明を投げかけ、その心と生活に感激と力を満たし、またその道を示したり方法を与え、思想を行動とならせることをまだなお考えるために、君の墓の前に立っている。——君は沈黙し、君の口は閉ざされたままであるが、何と言うべきであろうか。君の合言葉、すなわち「沈黙と行動」が告知している。それは、私の感覚と努力において、言葉による感謝ではなく、行動による感謝であると言っている。——君は行動を通して語った。君は、すべて助けを望まなかったように、豊かにふたたび蘇るための種子として、ついにみずから大地の懐に横になった。そして、まさに天空はその雷鳴をとどろかせ、その豊饒な恵みをほとばしらせ、降り注ぐ雨に差し込む陽光にその力を蘇えらせ、天空の青さの下に見えるその平和を示したのである」。

このように、友人は支援者たちに最後の永遠のあいさつを述べた。ミッデンドルフとフレーベルは、彼らの若い日々から——当時のリュッツォー義勇軍の陣営から——解きがたく結びついていた。たぐいまれな非常に深い心からの友情が、ミッデンドルフとフレーベルという二人の人間のあいだに存在した。しかしまた、両者の本性は根本的に非常に異なっていた。フレーベルは堅固で鋭敏なはっきりした人間本性を有しており、それゆえまた彼の本質の特徴は際立って顕著な想像力であった。フレーベルに与えられた彼特有の資質のすべては、彼の内的な本性を作り、それゆえまた非常に顕著であった確かな厳しさと無謀なまでの彼の個性を支えたのであった。それゆえ、フレーベルは使用人や受難者でいることができず、「説教壇」にいることもできなかった。だから、彼は行動し、支配し、決定した「ハンマー」であった。——経験は、同じ鋭い個性による二つの本性が同時に平和と友情を巧く続けることはできないことを教えている。民衆の口は全く正しいことを言っている。すなわち、「硬い石はみずからを磨く」である。それゆえ、ミッデンドルフとフレーベルの絶え間ない友情によって、ミッデンドルフの本性が全く別のものであったことを読み取ることができるのである。ミッデンドルフは穏やかで、おおよそ女性的な性格で、受容性が支配的な特性であった。アドルフ・ディースターヴェークは、確かにだれも言動を責められないが、ミッデンドルフはまさに運がよいと見える高貴で円満な性格であろうと、かつて遠慮なく述べている。

しかしまた、二人の友は、彼らの本質で異なったものであったとしても、それでもやはり彼らの努力するものにおいては一つであった。同じ炎が両者のなかで赤く燃え上がり、同じ高尚な精神が彼らの行為のすべてにおいて比類のない高貴さを授けたのであった。二人は、世界とそこで起こるすべてを、当時や今日の大多数の人たちとは別の視線で見たのである。彼らには、世界のすべてのものは精神的なものと神的なものに満ちていて、またすべての人間の仕事と創造の最高の課題は、彼らにとっては物質的なもののなかの精神的なものをこの世に表現することにあった。そしてまた、とりわけ彼らは子どもへの無限の献身やその岩のように堅い信念において、愛する祖国に最善の奉仕をするための真の教育、本性に即した教育を通じて一つであったのである。

それゆえ、二人の人物がしばしば、また好んで引用した言葉は、言わば当然なこととして記念碑の要石を形成しているので、その言葉を本書の読者の心に届けたいのである。その言葉は、「幼稚園には民衆の春の空気が宿っている。すなわち、子どもたちの保育と民衆の育成が、その聖堂のなかにあるのである」。

二六．最終考察——フレーベルの文化教育学の意義——

フレーベルは、何によって他のすべての教育家たちから区別されるのであろうか。彼が——他の教育家たちのように——著書と施設を残しただけでなく、幾つかの著しい非凡さ、つまり著名な「遊戯と作業のすべて」によってであるということは、全く外面的である。我々が彼の特質を把握したいのであれば、我々はこの点を前提としなければならない。フレーベルの遊戯と作業教材はその内容の豊富さにも拘わらず完結しておらず、それはいわば人間の心において——それは子どもたちにおいてと同様に、大人においても——発芽し成長しなくてはならない種子にすぎないのである。

フレーベルの教材は、高度に発展力があり、四方八方へと無限に続き得るのである。それは、創造的な想像力と創作力に限界を加えなかったのである。それから常に新しい諸形式が育ち得るのである。

子どもの活動衝動は、フレーベルの遊戯方法においてその満足した状態を見つけ出すだけでなく、むしろ教材から同時に人間の本来の根源的な力や能力と意欲が発生し、成長する。すなわち、型にはまらない教材に――命のない素材に形態を与え――魂を吹き込むべきなのである。

この人間の根源的な力は、我々のあらゆる文化の源である。なぜなら、我々が個々において文化と見なすすべては、まさに第一に人間の精神において何か形式をとって現れるものと、自然において存在しなかったものによってのみ生まれるのである。そして、この純粋な精神的形象はさらに素材的なものの内に現示され、それゆえ思想が――現実のものとなったのである。文化とは（最も広い意味で）すべての形式の総体に他ならず、また人間の意欲からのみ湧き出てくるすべての事象に他ならないのであって、したがって人間が存在しなければ、文化は有り得ないであろう。

それゆえ、文化を必要とする者は、そのような神秘的な創造力を人間において育て、作りださなければならず、そのような根源的な力を弱め、あるいは押し殺し得るであろうものをすべて遠ざけておかなければならない。そうした根源的な力が力強く健全である間は、効果が現れ常に新しい文化価値が生まれるであろう。しかし、その力が消滅すれば、文化は枯渇するのである。

教育学が成長期の世代に現存する文化財を分かりやすく適合させるだけならば、その場合には文化そのものが次第に滅びることを防ぐことはできないであろう。なぜなら、人間が純粋な記憶にかなった文化の形式と形態をその心に可能な限り多く受け取ることでは、新しいものはまだ創造されていないし、それでは文化を生かすことができない。ただ、人間の心から常に新しい衝動が生まれるならば、文化は健全で力強く、さらに発展できるのである。

人類の創造力は、人類の記念としての文化の生き生きとした存続のために不可欠なのである。

この人間の創造力をあらゆる方法で保ち、また強めること、それが――しかも若い頃から――フレーベル教育学の本来的目的であり、彼の遊戯と作業教材すべてのより深い意図なのである。彼は、建てること、編むこと、裁断すること、折りたたむことなどによって、子どもにおける人間的創造力に可能性を与えることや積極的に活動することと練習することを、またその方法で強化することを意図したに他ならない。

フレーベルが先行のものからあらゆる新しい形式を普遍的に発展させる場合、その際には彼はいつもまた自然と文化が経る同じ道を、すなわち現存するものからすべての新しいものが生じる道を経ただけでなのである。それとともに、フレーベルの作業には確かな数学上の精密さが生じることが、また通常であった。それで、まさに同じように真の創造的精神が気まま気まぐれに働くことは少しもなく、むしろ常に永遠の法則に従うのであって、それでまた数的関係の小さな変化によって何か完全に新しいものが実に至るところで生じ得るのである。例えば、我々の近代物理学の大部分は、また最近の多くの卓越した発明は、この事実に基づいているのである。それゆえ、真の創造力の本当の育成、換言すれば精神一般は、数学的な方向感覚を全く放棄してはならないのであって、さらにそれが意味のない遊びごとに堕落してはならないであろう。

フレーベルのように、非常に明確にまた意識的に、文化を創造する人間の創造力の役割に教育学を使い始めた思想家は他にない。すなわち、彼は最初の真の文化教育学者なのである。教育者は、普通にはその課題を一定の倫理的原理に向けて影響を及ぼすことや、もしくは現存する文化財を次の若者たちに渡すことだけと理解するのである。フレーベルは、根本的に他のものを採用している。彼は第一に具体的な個々の子どもに関心を持ったのではなく、むしろ子どもにおける人間性に、すなわち現れようとする特別な人間の力に関心を持ったのである。精神的なものに道を拓くために、精神的なものを臆することなく溢れ出させ、また生命のない素材を形作ることができること、それがフレーベルが望んだことである。彼は、永遠の精神の奉仕者であり、そうあろうとした——またそれと同時に真の文化の先駆者なのである。

フレーベルが最も奮闘していた時に、——それは一八三七年であった——彼はしばらくのあいだ、友人のランゲタールに宛てたすべての手紙を、常に次の座右の銘で始めた。

「すべての生命の統一、
創造者としての人間」

この二行は、フレーベルの二つの大きな根本思想を含んでいる。この二行は、光り輝く星たちのように以後の彼の生涯と業績のためにあった。それらは、彼の教育学に比類のない奥行きと深さを与えたのである。

註

（註1）『人間の教育』は、大きな文字で「Ihm」の一語のみを献辞としている。フレーベルだけがこの「Ihm」という献辞を書き留めているのではなく、例えばシレジアの詩人アンゲルス・シレジウスが同じように彼の有名な書『ケルビムのごとき旅人』（一六五七年）を神に献じている（訳者註……ケルビムはキリスト教やユダヤ教の九天使のなかで第二位にある知識を司る天使である）。同じく、一七八〇年ウィーンの物理学者フリードリヒ・フォン・クナウスは、彼の書『自作の不思議な機械装置について』を「すべての被造物の創造主……またすべての芸術家の芸術家」に捧げた（訳者註……創造主とは神であり、彼の機械装置とは一七六〇年ウィーンで制作した「文字を書く人造人間」、いわばゼンマイや歯車などの機械で作成した「自動人形」であって、今日のロボットの発明起源の一つとなっている）。そのほかには、ブルックナーも彼の交響曲第九番を神に献じている。

（註2）現物は、現在バート・ブランケンブルク（チューリンゲン）のフレーベル博物館にある。

（註3）本書に書き留められているように、フレーベルのためにすべての木工の仕事を行ったブランケンブルクの家具職人の親方レーンの「仕事のメモ帳」（そのメモ帳は一八四三年一一月の末日で終わっている）のなかの一八四三年一〇月七日に、円筒についての二、三の言及が認められる。さらに、ブランケンブルクのフレーベル博物館は、ルードルシュタットのろくろ細工師ヴォルフラムが一八四三年一〇月七日にフレーベル宛に発行した送り状を所有している。それによれば、「この百個の木製の円筒形のもの(Cylinderförming)はない」のである。「円筒」(Cylinder)は括弧にくくられており、またそれは十中八九フレーベルの自筆らしき鉛筆で「円筒形の」(walzenförming)と書かれている。それゆえ、見たところ当時のフレーベルの周辺では、まだ身体に対する「円筒」(Walze)の新しい名称すら、一般的に用いられていなかったのである。

（註4）それについてのサンプルは、まだバート・ブランケンブルク（チューリンゲン）のフレーベル博物館にある。

（註5）フレーベルは、最初はまだ切り抜き帳を計画していたが、しかし後に取り消した。また、編み目印のものは、当初フレーベルによって極めて尊重されたが、貫徹されなかった。

（註6）一八二六年の著作『人間の教育』のなかに、すでにこの言葉が現れており、その版では正確に言えば「我々の子どもらに生きよう。」となっている。

（註7）このような幼児学校などや幼児託児所は、当時およそ一〇〇箇所ドイツに存在した。それらの最初の施設は、一七七九年にシュタインタール（アルザス）のヴァルデルスバッハの牧師オーベルリンによって設立された。

訳者あとがき

本書は、Johannes Prüfer : *Friedrich Fröbel —Sein Leben und Schaffen—*（B.G. Teubner, Leipzig, Berlin 1927, 3Aufl.）の全訳である。原著は、初版の一九一四年の六年後に再版、またその七年後に三版が上梓されていることから、各版が何部出版されたかは定かでないが、長年に亘って相当多く読まれた書であると推察できる。なお、初版と一九二〇年の再版には副題がなく、副題は本訳書の原著である一九二七年の第三版から付されている。

このように、原著は九五年以上も前に書かれたものであるが、それから一世紀に近い歳月を迎えようとする今日、その邦訳書を上梓する意味を述べるならば、次の二点が挙げられる。すなわち、第一に、原著は日本のフレーベル研究の先駆的な研究者たちをはじめ、今日においても先行研究文献として多々引用されるほど重視されている書であるからである。第二に、原著は、前述のように出版年が大変古いにも拘わらず、その伝記的記述が現在に至るまで出版されてきたフレーベル伝と比較して特に詳細であるからであり、いわばフレーベル研究の古典的な書と考えられるからである。これらの意味から、原著の翻訳書を上梓することは今日的に意義があると考えた次第である。

そこで、原著者ヨハネス・プリューファーについて若干紹介しておこう。彼は一八八二年にドイツ・ライプツィヒで生まれ、一九四七年九月六日バート・ブランケンブルクにおいて六五歳で没している。彼は、一九〇九年に「一八三六年から一八四二年のF・フレーベルの教育の試み」という論文で博士の学位を取得している。同論文はフレーベルのブランケンブルク時代に関する研究で、フレーベルの原典からの最初の研究であり、今日でも依然として学問的に通用する研究とされている。尚、プリューファーの他の論著は、*Vorläfer Friedrich Fröbels*（Langensalza 1911）と*Qellen zur Geschichte der Kleinkindererziehung*（Frankfurt a. Main, Belrin 1913）等がある。

プリューファーは、一九一〇年から一九一四年までフレーベル博物館の整備に従事し、その後一九一八年に「家庭教育要求のための協会」を創設し、全ドイツ帝国内に相談所を設立している。また、彼はライプツィヒの女子高等専門学校の講師やギムナジウムの校長の経歴があるが、一九二八年にエアフルトの科学アカデミーの一員となり、一九三〇年代以降は彼の夫人の出身地であったバート・ブランケンブルクで生活し、同地のフレーベル博物館で働いた。

第二次世界大戦の勃発後、プリューファーが従事していたフレーベルハウスの博物館の部屋は、一九四二年から一九四四年にかけて女性協会の裁縫教授の場とされ、価値のあるフレーベルの手書き原稿や文献が散逸したようである。戦後、一九四五年の短期間、フレーベルハウスは旧ソビエト軍の将校の部屋として接収されたが、その後託児所として使用され、同年五月一日にはフレーベルハウスの幼稚園が再開されることになった。

一九四五年六月二一日、チューリンゲン州内務省の局長ブリル博士から博物館とイエナ大学の教育科学部の研究所を合併するようとの指令が出て、プリューファーは研究所の責任者ペーター・ペーターゼン教授によりその業務を任され、フレーベル博物館のほかにフレーベルの記念としてモデル幼稚園を発展させた。彼は、戦後の大変革の困難な状況のなかで、フレーベル博物館の改編に多大な努力を払い、通算して四〇年以上フレーベル博物館の運営に従事した人物なのである。

その間に、プリューファーは一九四七年初頭チューリンゲン州文部省がワイマールに設立したフレーベル研究所の指導者エリカ・ホフマン博士の研究活動を援助し、その成果はプリューファーの死後ではあるがフレーベルの手書きの遺稿が没後一〇〇年を記念して一九五二年六月に出版されている。思うに、エリカ・ホフマンの編で一九八〇年代にかけてクレェッテ・コッタ社から出版されたフレーベル選集などの編纂には、プリューファーによって整理された資料などが役立てられていたと考えられるのである。

そこで、このような著者による本書の内容について、特記すべきことを指摘しておこう。まず、本文の内容順に述べれば、ペスタロッチとフレーベルの関係で（四．参照）、「人は、思考の炎と発言の火花を用いて、その目的への進路を切り開く。しかし、人は沈黙と行為を通じてのみ、その進路を完遂し、自分自身を自分で完結する。」というペスタロッチの箴言を、フレーベルが後年しばしば引用したということ、またその箴言は一八〇五年八月にフレーベルが夏休みを利用してイヴェルドンのペスタロッチの学園に二週間滞在した折りに、彼の訪問記念帳にペスタロッチが記したものであったという事実は、これまでペスタロッチ研究を専らとしてきた訳者にも初めての情報である。さらに、その後ペスタロッチのイヴェルドンの学園に二年間寄宿してペスタロッチ主義教育の現場に関わった彼が、学園教員の内部抗争で取った立場――フレーベルはペスタロッチとニーデラーではなくシュミットについた――や、ペスタロッチに学園の問題点や改善を直訴したり、抗議したことなど（五．参照）は、――彼はペスタロッチの学園の問題点や批判をシュヴァルツブルク・ルードルシュタットのカロリーネ侯爵夫人への書簡で述べているが――余り語られていない事実である。

次に、フレーベルの対フランス・ナポレオン戦争への従軍記（八．参照）は、とりわけフレーベルが属したリュッツォー義勇軍の戦歴は、例を見ない詳しい記述である。特に、ナポレオンのエルバ島脱出によって新たに勃発した戦いの際、チューリンゲン人のフレーベルがプロイセン国土防衛隊の士官・少尉として歩兵部隊を指揮し、戦闘に従軍することになったことは驚くべきことである。つまり、牧師の子として生まれて教育に従事し、とりわけ幼児教育の領域において幼稚園の創始者となった彼の後の生涯との違和感を免れ得ないのである。すなわち、本書の論述にもあるように、フレーベル自身の記述として引用されている「祖国を守るためにみずからの血と生命によって武器を取る力のない若者たちが、子どもたちと少年たちの教師になれるとは、全く考えることができなかった」と述べていることは、強烈な愛国主義を感じるのである。それは、フレーベルの祖国ドイツの国情や、本文にも論述されているナポレオン・フランス軍占領下のベルリンにおける哲学者フィヒテの熱烈な愛国的・民族主義的演説「ドイツ国民に告ぐ」に影響されたためとも考えられるのである。いずれにせよ、対フランス戦のためにリュッツォー義勇軍に参加した当時のフレーベルの考えは、いささか民族国家優先の偏りを覚えるのである。他方で、ゲルマン民族の国家主義が、ナポレオン敗退後のヨーロッパの体制を決めたウィーン会議で、いわゆるメッテルニッヒ体制と言われる反動政策が、ドイツにも保守的な国家主義をますます台頭させ、やがてフレーベルの死を早めることにもなったプロイセンの「幼稚園禁止令」に至ったとも言えるのである。すなわち、本書（二四．参照）で詳細に論じられているプロイセンによる「幼稚園禁止令」に至る情勢を作り出したと言えるのである。また、本書の「幼稚園禁止令」に関するプリューファーの論述は、当時の新聞等の資料を駆使しての幼稚園禁止令の真相究明が極めて詳しいものであって、以後のフレーベルの幼稚園に関する研究の貴重な資料になっていると考えられるのである。

そして、プリューファー自身のフレーベル評価として、フレーベルが精神の永遠の奉仕者であり、彼を「最初の真の文化教育学者」としている点や、本書の三．でフレーベルが若い頃ロマン主義運動に内面的に接触し、ドイツ・ロマン主義への関心から建築士になろうとしたという指摘と、フレーベルが『母の歌と愛撫の歌』によってドイツ教育学者のなかで最初のロマン主義者となっているという評価（二〇．参照）は、以後のフレーベル評価に影響を与えたとも推察できるのである。

さらに、フレーベルの死と葬儀の様子（二五．参照）がミッデンドルフの言葉を引用しながら、その時の様子や雰囲気について、天候をはじめとして事細かく叙述されていることも、初めて窺い知る事実である。また、フレーベルの再婚に至る際のルイゼの回顧録（二三．参照）からの引用で知ることができる彼女のフレーベルへの感情など、これまでの伝記書では語られなかったことである。

終わりになったが、訳稿は共訳者と数度に亘って見直すなかで仕上げられた。共訳ということで訳稿の照合や検討をはじめ、共訳者の諸事情から三年余りの時を要したが、ここにようやく上梓の暁を見ることに至った。翻訳にあたっては、原文に忠実であることを心掛けた。しかし、その結果かえって日本文としてこなれているかどうかが気になるところである。そのようなぎこちない訳文や思わぬ誤りには、ご教示をお願いしたい。特に、フレーベルの著作や書簡からの難解な引用文は、日本文になっているか気になるところである。実際、原著にはフレーベルの著作からの出典箇所は全く明記されておらず、邦訳を参考にすることができなかった。それとは反対に、原著者プリューファー自身の文献に関わる書誌は詳細に多々記されているが、それは一般読者にとっては不要と考えられたので一部を除き省略した。すなわち、本文の理解にとって必要と考えられる註についてのみ、番号註を付け直してその訳文を巻末に掲げた。また、原著の巻末に収録されている恩物の写真や図などはすでに周知のものなので割愛した。一方で、本訳書では原著にはない索引を事項と人名に関して作成し附記した。

最後に、折からの厳しい出版事情にも拘わらず、本書の出版に快く応じて頂いた東信堂下田勝司社長と、編集でお世話を頂いた同社の向井智央氏に、厚く御礼を申し上げたい。

二〇一一年　残暑

訳者の一人　乙訓　稔

フリードリヒ・フレーベル略年譜

西暦	年齢	事項
一七八二	0	シュヴァルツブルク・ルードルシュタットのオーベルヴァイスバッハで生まれる。
一七九九〜一八〇一	17	イエナ大学の学生。
一八〇五	23	フランクフルト・アン・マインで教師。
一八〇八〜一八一〇	26	イヴェルドンのペスタロッチのもとに滞在。
一八一一	29	ゲッチンゲン大学の学生。
一八一二	30	ベルリン大学の学生。
一八一三〜一八一四	31	リュッツォー義勇軍として解放戦争に従軍。
一八一四〜一八一六	32	ベルリン大学鉱物学博物館の助手。グリースハイムで学園設立。
一八一七	35	ルードルシュタット近郊のカイルハウに学園を移転。
一八二〇	38	学校案内「我がドイツ民族に寄せる」。
一八二一	39	学校案内「ドイツ的性格を徹底的に創造する十分な教育は、ドイツ民族の根本的、根源的な要求である」と「ルードルシュタット近郊のカイルハウの普遍的ドイツ学園の諸原理と目的及び内部生活」。
一八二二	40	学校案内「カイルハウの普遍的ドイツ学園について」。

一八二三	41	学校案内「カイルハウの普遍的ドイツ学園についての続報」。
一八二六	44	『人間の教育』出版、週刊誌『教育的家族』発刊。
一八三一～一八三二	49	スイスのヴァルテンゼーの学園経営。
一八三三	51	『人間の教育の原理』を発表。
一八三三～一八三五	51	スイスのヴィリザウで学園経営。その間、一八三四年の夏の三ヶ月ブルクドルフで教師の継続教育講習を指導。
一八三五～一八三六	53	ブルクドルフで孤児院の指導。
一八三七～一八四四	55	ブランケンブルクに在住。
一八三七～一八五〇	55	ブランケンブルク（その後リーベンシュタインに移る）で「幼児期と青少年期のための作業衝動の育成施設」設立。
一八三八	56	「第一恩物」、「第二恩物」を発表。
一八三八～一八四〇	56	『日曜誌』を発刊。
一八三九～一八四四	57	ブランケンブルクに「遊戯と作業の施設」と子どもの指導者の養成講習を開設。
一八四〇	58	「普遍的ドイツ幼稚園」を開設。
一八四三	61	「ドイツ幼稚園についての報告と弁明」を発表。
一八四四	62	『母の歌・愛撫の歌』を出版。「第三恩物の用法のための指導」を発表。
一八四四～一八四八	62	ザクセンなどドイツ西部に幼稚園の宣伝旅行をする。
一八四五	63	「教育協会」を設立。

一八四八	66	ルードルシュタットで教師と教育者集会を開く。
一八四八〜一八四九	66	ドレスデンで幼稚園教員の養成講習を開く。
一八四九	67	リーベンシュタインに在住。
一八四九〜一八五〇	67	ハンブルクで幼稚園教員の養成講習を開く。
一八五〇	68	マリーエンタールに移住。W・ランゲ編『フリードリヒ・フレーベルの週刊誌』が発刊される。
一八五一	69	プロイセン政府から「幼稚園禁止令」が発せられる。
一八五一〜一八五二	69	B・マークアルト編『フリードリヒ・フレーベルの試みのための雑誌』が発刊される。
一八五二	70	マイニンゲンのマリーエンタールにて死す。

ヤ行

遊戯　95, 96, 98, 100, 102, 108, 110, 112, 115, 116
遊戯と作業の施設　115-117, 128
遊具　28, 95, 98
幼児期と青少年期のための作業衝動の育成施設　94, 95, 105, 116, 156
幼稚園禁止令　162, 164-167, 169

ラ行

立方体　90-93, 96, 98, 99
リュッツオー義勇軍　34-40, 44, 47, 179, 190
労作　65, 66, 68
ロマン派　9, 10

事項索引

ア行

イヴェルドン学園 13, 16, 20-24, 189
ヴァルテンゼー 73, 74
円錐 98
円筒 98, 185
恩物 92, 95, 97, 99, 100, 108, 166

カ行

カリシュ条約 31
観察 25, 62, 91, 92, 97, 98, 123, 132, 135, 137
球 28, 98
球体 27-29
球体教育 28
球体体験 27-29
球体法則 28
形成衝動 99
ゲッチンゲン大学 24, 29, 75
堅信礼 5
合自然的教育 157
合自然的な人間教育 24
構成能力 99

サ行

作業 100, 104, 106, 109, 112
自己教授と自己教育とに導く直観教授のための施設 86
自然法理論 146
自動教授施設 86, 89, 95
市民幼稚園 155
社会主義 163, 170, 173
自由教団 173-175
シレジア特別新聞 31
生命の革新 80, 82-85
生命の合一 63, 64, 87, 88, 132, 152, 153, 156, 158, 160
石版印刷 96, 97
総合鉱物学学会 7

タ行

大学牢 7
第一恩物 92, 97, 107, 110
第五恩物 92, 99
第三恩物 98, 99
第二恩物 92, 989107
第四恩物 99, 107
タウロッゲン協定 30
直観 19, 48, 62, 65, 70, 88, 90, 157, 166, 171
直観と自然の経験 23
積み木 99-101
「ドイツ国民に告ぐ」 31, 32, 190
ドイツ婦人協会 123, 154
ドイツ・ロマン主義 10, 132, 191

ナ行

『日曜誌』 156
『人間の教育』 51-53, 70, 185

ハ行

『母の歌と愛撫の歌』 131-133, 136, 191
『母の書』 22, 25, 92, 93, 133
ハンザ同盟都市 39, 154, 155
福音主義教会 170
普遍的ドイツ幼稚園 118-126, 130
フランクフルト議会 145, 146, 151
フランクフルト模範学校 11
文化 66, 135
文化教育学 181, 183
ペスタロッチ生誕百年祭 145
ベルリン大学鉱物学博物館 42, 46
ボール 28, 95, 97, 98, 119
ホーフヴィール 78
ホルツハウゼン家 14, 20, 21, 40

マ行

全き人間 49, 81
無神論 163, 168, 170
メトーデ 13, 14, 16, -19

ヤ行

ヤーン，F. L. 29
ヨルク将軍 30

ラ行

ラングナウ，J. S. von 78
ランゲ，F. W. von 155
ランゲタール，H. 35, 39, 41, 44-46, 85, 89, 90
リュッツオー，L. A. W. von 34
レーン，H. 96, 185
レェナー，M. 155
ロール，R. 133

人名索引

ア行

ヴァイス，Ch. S. 29, 34, 42, 44
ヴァイマール，K. A. von 7
ヴィッツ林務官 5
ヴィルヘルム 3 世，F. 30
ヴィレマー，A. 15
ウンガー，F. 96, 131, 133

カ行

カロリーネ侯爵夫人 16, 48, 107, 190
グルーナー，G. A. 11, 12, 29
ゲーテ，J. W. von 10, 35, 62
ゴットヘルフ，J. 78

サ行

シェリング，F. W. J.von 79
シラー，F. Ch. F. von 7
シュニーダー，F. X. 72
シュネル，J. 78
シュミット，J. 18, 19
シュライエルマッハー，F. E. D. 29, 46
ゼーレ，I. 117, 142

タ行

ツェー，Ch. 48
ディースターヴェーク，F. A. W. 70, 130, 154
ディットマー，L. 172, 173
ディービッチ，H. 30

ナ行

ニーデラー，J. 18, 19
ニーブール，B. G. 29
ネーゲリー，H. G. 23
ノヴァーリス，F. von 9

ハ行

バルツァー，E. W. 173, 174
バーロップ，J. A. 30, 47, 73, 74, 76, 88, 107, 137
ハンシュマン，A.B. i, 26
フィヒテ，J. G. 29, 31-33, 46, 83, 131, 190
フェルスター，F. 35, 37
フェレンベルグ，Ph. E. von
プラーマン，J. E. 29
ブライマン，H. 153, 154
フランケンベルク，F. 74, 75, 89, 107, 108, 110
ブルクドルフ，J. S.von 78
ブルクドルフ，M.von 78
フレーベル・ヴィルヘルミーネ（初婚夫人） 46, 108, 112
フレーベル・カール（甥） 163
フレーベル・クリストフ（次兄） 17, 19, 20, 32, 44
フレーベル・クリスチアン（三兄） 45, 47
フレーベル・トラウゴット（四兄） 6
フレーベル・フェルディナント 74, 76
フレーベル・ルイゼ（再婚夫人） 143, 154, 160, 169, 177, 191
フンボルト，W. von 29
ペスタロッチ，J.H. ii, 12-17, 29, 72, 77, 78, 90-92, 133, 145, 157, 189, 190
ボック，F. 89, 90
ホフマン，Ch. 教区監督官 4, 110, 155, 166, 189
ボナパルト，N. 39, 40, 190

マ行

マーレンホルツ・ビューロー夫人 154, 162, 166
マイヤー，J. 94
マイニンゲン公 153, 156
ミーク，E. 15
ミッテンドルフ，W. 35, 38, 39, 41-45, 47, 76, 77

訳者紹介

乙訓　稔（おとくに みのる）　実践女子大学教授

1943 年　東京都生まれ
1967 年　上智大学文学部教育学科卒業
1972 年　上智大学大学院文学研究科教育学専攻博士課程修了
1995 年　スイス連邦共和国チューリッヒ大学留学（客員研究員）
2002 年　博士（教育学・上智大学論文）
教育学・教育思想専攻

主要著訳書

『ペスタロッチの哲学と教育学』（単訳、東信堂）、『ペスタロッチとルソー』（単訳、東信堂）、『ペスタロッチ―その生涯と理念―』（単訳、東信堂）、『ペスタロッチと人権―政治思想と教育思想の連関―』（単著、東信堂）、『フレーベルとペスタロッチ―その生涯と教育思想の比較―』（単訳、東信堂）、『教育と人権―人権教育の思想的地平―』（監訳、東信堂）、『教育政策の原理―比較教育研究―』（単訳、東信堂）、『教育の論究 改訂版』（編著、東信堂）、『西洋近代幼児教育思想史―コメニウスからフレーベル第二版』（単著、東信堂）、『西洋現代幼児教育思想史―デューイからコルチャック―』（単著、東信堂）、『幼稚園と小学校の教育』（編著、東信堂）。

廣嶋龍太郎（ひろしま りゅうたろう）　明星大学助教

1979 年　東京都生まれ
2002 年　早稲田大学第一文学部史学科卒業
2007 年　明星大学大学院人文学研究科教育学専攻博士後期課程修了
2010 年　博士（教育学・明星大学課程）
教育学・教育史専攻

主要著書

『初等教育原理』（共著、明星大学出版部）、『教育の論究』（共著、東信堂）、『現代教育改革に立つ教育の原理』（共著、明星大学出版部）、『教育の最新事情―子どもと向き合うために―』（共著、明星大学出版部）、『保育原理　教育原理　養護原理』（共著、学事出版）、『子どもと教育』（共著、一藝社）

Friedrich Fröbel —Sein Leben und Schaffen—

フリードリヒ・フレーベル ――その生涯と業績――

2011 年 11 月 15 日　初版第 1 刷発行　〔検印省略〕

＊定価はカバーに表示してあります

訳者 © 乙訓稔・廣嶋龍太郎　発行者 下田勝司　印刷・製本　中央精版印刷

東京都文京区向丘 1-20-6　郵便振替 00110-6-37828
〒 113-0023　TEL 03-3818-5521（代）　FAX 03-3818-5514
E-Mail tk203444@fsinet.or.jp

発行所　株式会社 東信堂

Published by TOSHINDO PUBLISHING CO.,LTD.
1-20-6, Mukougaoka, Bunkyo-ku, Tokyo, 113-0023, Japan

ISBN978-4-7989-0088-9 C3037 Copyright©2011

東信堂

大学の自己変革とオートノミー―点検から創造へ　寺﨑昌男　二五〇〇円

大学教育の創造―歴史・システム・カリキュラム　寺﨑昌男　二五〇〇円

大学教育の可能性―教養教育・評価・実践　寺﨑昌男　二五〇〇円

大学は歴史の思想で変わる―FD・評価・私学　寺﨑昌男　二八〇〇円

大学改革　その先を読む　寺﨑昌男　一三〇〇円

大学自らの総合力―理念とFD そしてSD　寺﨑昌男　二〇〇〇円

高等教育質保証の国際比較　羽田貴史・米澤彰純・杉本和弘編　三六〇〇円

大学教育のネットワークを創る―FDの明日へ　京都大学高等教育研究開発推進センター編　松下佳代編集代表　三二〇〇円

ポートフォリオが日本の大学を変える―ティーチング/ラーニング/アカデミック・ポートフォリオの活用　土持ゲーリー法一　二五〇〇円

ティーチング・ポートフォリオ―授業改善の秘訣　土持ゲーリー法一　二〇〇〇円

ラーニング・ポートフォリオ―学習改善の秘訣　土持ゲーリー法一　二五〇〇円

IT時代の教育プロ養成戦略―日本初のeラーニング専門家養成ネット大学院の挑戦　大森不二雄編　二六〇〇円

大学教育を科学する―学生の教育評価の国際比較　山田礼子編著　三六〇〇円

一年次（導入）教育の日米比較　山田礼子　二八〇〇円

初年次教育でなぜ学生が成長するのか―全国大学調査からみえてきたこと　河合塾編著　二八〇〇円

アクティブラーニングでなぜ学生が成長するのか―経済系・工学系の全国大学調査からみえてきたこと　河合塾編著　二八〇〇円

あなたの未来を拓く通信制大学院―日本大学大学院・宮本ゼミの一二年のドキュメント　宮本晃著　一八〇〇円

フリードリヒ・フレーベル―その生涯と業績　J・プリューファー著　乙訓・廣嶋訳　二八〇〇円

幼稚園と小学校の教育　乙訓稔編著　二二〇〇円

西洋近代幼児教育思想史【第二版】　乙訓稔著　二三〇〇円

西洋現代幼児教育思想史　乙訓稔著　二三〇〇円

教育の論究【第二版】　乙訓稔編著　二四〇〇円

教育政策の原理　N・ハンス著　乙訓稔訳　二八〇〇円

〒113-0023　東京都文京区向丘 1-20-6　TEL 03-3818-5521　FAX03-3818-5514　振替 00110-6-37828
Email tk203444@fsinet.or.jp　URL:http://www.toshindo-pub.com/

※定価：表示価格（本体）＋税

東信堂

転換期を読み解く—潮木守一時評・書評集	潮木守一	二六〇〇円
大学再生への具体像	潮木守一	二五〇〇円
フンボルト理念の終焉？—現代大学の新次元	潮木守一	二五〇〇円
いくさの響きを聞きながら—横須賀そしてベルリン	潮木守一	二四〇〇円
大学教育の思想—学士課程教育のデザイン	絹川正吉	二八〇〇円
国立大学法人の形成	大﨑仁	二六〇〇円
国立大学・法人化の行方—自立と格差のはざまで	天野郁夫	三六〇〇円
転換期日本の大学改革—アメリカと日本	江原武一	三六〇〇円
大学の責務	D・ケネディ著 立川明・坂本辰朗・井上比呂子訳	三八〇〇円
大学の財政と経営	丸山文裕	三二〇〇円
私立大学マネジメント	㈳私立大学連盟編	四七〇〇円
私立大学の経営と拡大・再編—一九八〇年代後半以降の動態	両角亜希子	四二〇〇円
ドラッカーの警鐘を超えて	坂本和一	二六〇〇円
大学のイノベーション—経営学と企業改革から学んだこと	坂本和一	二六〇〇円
30年後を展望する中規模大学—マネジメント・学習支援・連携	市川太一	二五〇〇円
もうひとつの教養教育—職員による教育プログラムの開発	近森節子編著	二三〇〇円
政策立案の「技法」—職員による大学行政政策論集	伊藤昇編著	二五〇〇円
改めて「大学制度とは何か」を問う	舘昭	一〇〇〇円
原点に立ち返っての大学改革	舘昭	一〇〇〇円
戦後日本産業界の大学教育要求—経済団体の教育言説と現代の教養論	飯吉弘子	五四〇〇円
韓国大学改革のダイナミズム—ワールドクラス（WCU）への挑戦	馬越徹	二七〇〇円
現代アメリカの教育アセスメント行政の展開—マサチューセッツ州（MCASテスト）を中心に	北野秋男編	四八〇〇円
現代アメリカにおける学力形成論の展開—スタンダードに基づくカリキュラムの設計	石井英真	四二〇〇円
アメリカの現代教育改革—スタンダードとアカウンタビリティの光と影	松尾知明	二七〇〇円
アメリカ連邦政府による大学生経済支援政策	犬塚典子	三八〇〇円
大学教育とジェンダー—ジェンダーはアメリカの大学をどう変革したか	ホーン川嶋瑤子	三六〇〇円

〒113-0023　東京都文京区向丘 1-20-6　TEL 03-3818-5521　FAX03-3818-5514　振替 00110-6-37828
Email tk203444@fsinet.or.jp　URL:http://www.toshindo-pub.com/

※定価：表示価格（本体）＋税